Finanzielle Führung in der Praxis des Klein- und Mittelbetriebes

Dr. Frank Steiner
Unternehmungsberater
Zürich

Finanzielle Führung in der Praxis des Klein- und Mittelbetriebes

4., überarbeitete, aktualisierte und ergänzte Auflage 1996

15

Schriftenreihe
Unternehmungsführung
im Gewerbe

4., überarbeitete, aktualisierte und ergänzte Auflage 1996

© by Cosmos Verlag AG, CH-3074 Muri bei Bern
Satz und Druck: Ott Verlag + Druck AG, CH-3607 Thun 7
Buchbinder: A. Weber AG, CH-3097 Liebefeld
ISBN 3-85621-109-8

Vorwort

des Schweizerischen Institutes für Unternehmerschulung im Gewerbe

Die Erhaltung der Zahlungsfähigkeit ist eine der wichtigsten Voraussetzungen zur erfolgreichen Existenzsicherung einer Unternehmung. Als Unternehmer hat man dafür zu sorgen, daß sich die Unternehmung in einem finanziellen Gleichgewicht befindet und den Zahlungsverpflichtungen fristgerecht nachgekommen werden kann. Alle unternehmerischen Entscheidungen müssen daher immer auch daraufhin geprüft werden, ob ihre Wirkungen der Erhaltung dieses Gleichgewichts dienen bzw. ihr nicht zuwiderlaufen. Eine Unternehmung kann denn auch langfristig nur lebensfähig sein und konkurrenzfähig bleiben, wenn sie einen finanziellen Überschuß – d. h. einen angemessenen Cash-flow und Reingewinn – erzielt. Aus kurzfristiger Sicht entscheidet hingegen insbesondere die Liquidität der Unternehmung letztlich über Sein oder Nichtsein eines Betriebes.

Eine solide finanzielle Führung der eigenen Unternehmung bildet somit den Grundstein jedes erfolgreichen Unternehmens! Obwohl diese Tatsache heute allgemein bekannt ist, weisen viele Unternehmer, Geschäftsinhaber und Geschäftsleiter trotz bester Ausbildung in Fragen der finanziellen Führung oft gewisse Unsicherheiten auf. Daher schätzen wir uns glücklich, diesem Manko mit dem vorliegenden, auf die Praxis der Klein- und Mittelbetriebe ausgerichteten Buch gezielt Abhilfe leisten zu können.

Dr. Frank Steiner bietet dank seiner langjährigen Schulungs- und Beratertätigkeit Gewähr für einen umfassenden Praxisbezug. Es freut uns, mit dieser 4., überarbeiteten, aktualisierten und ergänzten Auflage gerade im Bereich der überlebenswichtigen finanziellen Führung eines Klein- und Mittelbetriebes einen gezielten Beitrag zur weiteren Stärkung von Gewerbebetrieben in der Schweiz leisten zu können.

SCHWEIZERISCHES INSTITUT
FÜR UNTERNEHMERSCHULUNG IM GEWERBE

Der Direktor:

B. Aellig
lic. rer. pol.

Bern, Juli 1996

Vorwort zur 4. Auflage

Bei der Bearbeitung der 4. Auflage wurden viele Textstellen, Formulare und Beispiele überarbeitet und an den heutigen Wissensstand 1995/96 angepaßt. Völlig neu bearbeitet wurde das Kapitel «**Unternehmensbewertung**», wo auch aktualisierte Beispiele von Kaufverträgen, Aktionärbindungsverträgen sowie ausformulierte Ehe- und Erbverträge zur Regelung der betrieblichen Nachfolge zu finden sind.

Ebenfalls verlangte die veränderte Kreditvergabe-Politik der Banken eine grundlegende Neugestaltung des Kapitels «**Zusammenarbeit mit der Hausbank**» sowie die Behandlung von neuen Instrumenten, wie Busineß-Plan, Investitionsrechnung, ergänzt durch Beispiele von Kundeneinstufungs-Systemen der Banken.

Neu wurden in das Buch die folgenden Beiträge aufgenommen:

– **Cash-Management** in Firmengruppen (Pooling von Liquiditätsbeständen, Netting, konzerninternes Factoring und Re-Invoicing, Management von Währungsrisiken) samt praktischen Beispielen zur Kursabsicherung für Importeure oder Exporteure mittels Devisen-Optionen.

– Auswirkung des **neuen Aktienrechts** auf die Unternehmensführung mit Hinweisen auf die neuen Aufgaben des Verwaltungsrats, die Verantwortlichkeit dieses Organs und der Revisionsstelle und weitere wichtige Änderungen.

– Der starke Anstieg der Zahl der Gründungen von **Gesellschaften mit beschränkter Haftung** machte einen weiteren Abschnitt zu dieser Rechtsform erforderlich.

Bei den recht aufwendigen Aktualisierungsarbeiten konnte ich wiederum auf die Unterstützung durch Mitarbeiter der Dr. F. Steiner & Partner Unternehmensberatung AG zählen, insbesondere von Herrn Eugen Koster, Betriebsökonom HWV und dipl. Treuhandexperte.

Zürich, im Mai 1996   Dr. Frank Steiner

Inhaltsverzeichnis

8. Anhang   137

Einführung

In den letzten zehn bis zwanzig Jahren waren weite Bereiche der schweizerischen Wirtschaft durch konjunkturelle Wechselbäder, Margenerosion, Kostenboom, stärkere Reglementierung und schärfere Konkurrenzierung gekennzeichnet. In der Folge weist eine große Zahl von Unternehmen eine labilere Ertragslage auf, wodurch wiederum die Selbstfinanzierung gefährdet wird. *Fehler in der Finanzierung können jedoch die Existenzgrundlage der Unternehmung in Frage stellen.*

Im Verlaufe meiner langjährigen Beratungstätigkeit konnte ich feststellen, daß viele Unternehmer, Geschäftsinhaber und Geschäftsleiter mittlerer und kleinerer Betriebe trotz guter kaufmännischer und beruflicher Ausbildung in Fragen der finanziellen Führung oft gewisse Schwächen oder Unsicherheiten aufweisen. Dieses Buch soll die erkannten Lücken schließen und für alle Personen mit finanzieller Verantwortung in der Unternehmung einen *Leitfaden* für die finanziellen Führungsaufgaben darstellen.

Die *ersten beiden Kapitel* sind dem *grundlegenden Verständnis* über die Ursachen des Kapitalbedarfs, der Wirkung der Finanzierung sowie dem Wesen und den Methoden der finanziellen Führungsaufgaben gewidmet.

Das *dritte Kapitel* schildert im Detail die Arbeiten bei der Aufstellung des *mittelfristigen Finanzplanes*, und zwar abgeleitet aus dem gesamten Führungs- und Entscheidungsprozeß der Unternehmung. *Kapitel vier* zeigt den kurzfristigen Aspekt auf und erläutert die Methoden der Liquiditätsplanung samt der Handhabung des liquiditätspolitischen Instrumentariums.

Nachdem die Grundlagen des kurz- oder mittelfristigen Finanzbedarfs bekannt sind, widmet sich das *fünfte Kapitel* den *Finanzierungsmöglichkeiten* der Unternehmung. Dabei wird bewußt auf die große Vielzahl der vorhandenen Finanzierungsarten samt ihren Vor- und Nachteilen eingegangen, um den verantwortlichen Personen aufzuzeigen, wie groß der Handlungsspielraum auch für Mittelbetriebe überhaupt ist. Ein Hinweis auf die Finanzierungsregeln schließt dieses Kapitel ab. Im anschließenden Kapitel werden *besondere Finanzierungsaspekte* im Klein- und Mittelbetrieb dargelegt, und zwar aus der Erkenntnis heraus, daß über Fragen wie gewerbliches Bürgschaftswesen, Zusammenarbeit mit der Hausbank, Nachfolgeregelungen, Geschäftsübergabe usw. bisher wenig handfeste Vorgehensweisen für den Praktiker bestehen. Das *siebte Kapitel* schließt den Führungsrhythmus durch die Darstellung der *Kontrolle der Finanzsituation* ab.

Im *Anhang* sind *praktische Beispiele* von Spezialfinanzierungen sowie die Adressen der wichtigsten Institute angegeben, welche derartige Geschäfte ausführen. Auch werden die häufigsten im vorliegenden Buch verwendeten *Begriffe* erläutert.

Das Buch enthält viele bewährte Beispiele, Vorlagen, Formulare, Checklisten usw. und soll dem Praktiker in der Unternehmung als Nachschlagewerk und Anleitung für Problemlösungen dienen.

Dr. Frank Steiner

1. Aufgaben der finanziellen Führung

1.1 Grundsätzliches

Jede Unternehmung benötigt zur Erfüllung ihrer Aufgaben im Rahmen des Umsatzprozesses Arbeit, Waren und Rohstoffe sowie andere Leistungen, die sie in der Regel zu bezahlen hat, bevor sie ihrerseits Einnahmen aus der Verwertung ihrer eigenen Produkte oder Leistungen am Markt erhält. Dieses *zeitliche Auseinanderklaffen* zwischen Einnahmen und Ausgaben führt zur Erscheinung des *Kapitalbedarfs*. Er ist ersichtlich in der Bindung der Vermögensmittel auf der Aktivseite der Bilanz.

Es ist die *Hauptaufgabe der finanziellen Unternehmensführung, den Kapitalbedarf zu ermitteln und zu decken*. Während in Zeiten eines langfristigen Wirtschaftsaufschwungs diese Aufgabe keine größeren Schwierigkeiten bereiten dürfte, verlangt sie doch bei Entwicklungseinbrüchen, betrieblichen Strukturveränderungen, Kreditrestriktionen usw. großes Fingerspitzengefühl und umfassende Kenntnis des betriebswirtschaftlichen Instrumentariums.

Die vorausschauende Beschaffung von Kapital ist aber nicht nur zur Erfüllung des betrieblichen Leistungsprozesses von Bedeutung, sondern auch zur Erhaltung des *finanziellen Gleichgewichts* der Unternehmung. Dieses ist hergestellt, wenn der Kapitalbedarf immer gleich oder kleiner ist als der *Kapitalfonds*, das heißt die Summe der zur Verfügung stehenden Fremd- und Eigenkapitalien (B. Lutz). Unterschreiten die Deckungsmöglichkeiten jedoch den Kapitalbedarf, so ist die Unternehmung *illiquid* und kann ihren Verpflichtungen nicht mehr termingerecht nachkommen. Dauert dieser Zustand längere Zeit an, so führt dies früher oder später zum Zusammenbruch. Der umgekehrte Fall der Überliquidität stellt ebenfalls kein Gleichgewicht dar, sondern hat eine Beeinträchtigung der Rentabilität zur Folge.

Diese Fakten sind jedem Verantwortlichen im Finanzbereich bekannt. An die finanzielle Führung werden aber noch weitere Anforderungen gestellt. *Primäres Ziel* ist die *Sicherung der finanziellen Flexibilität*, insbesondere bei den sich dauernd verändernden Voraussetzungen. Daneben sind noch eine Reihe weiterer Aufgaben zu erfüllen:
– Abstimmen der Unternehmungsentwicklung mit den finanziellen Möglichkeiten
– Auswahl geeigneter Kapitalarten zur Erreichung der Unternehmungsziele
– Kritische Überwachung der Vermögens- und Kapitalstruktur
– Überwachung der Abteilungspläne und der Investitionstätigkeit
– Überprüfung der Zahlungsströme mit dem Ziel der Liquiditätssicherung.

In der Management-Enzyklopädie (siehe Literaturverzeichnis) wird das *Finanz-Management* als komplexe Funktion verstanden, die sich aus folgenden Teilfunktionen zusammensetzt:
– Zielsetzung und Planung der Unternehmung
– Periodische Kapitalbedarfsermittlung aufgrund der Pläne

- Kapitalbedarfsbeeinflussung, insbesondere durch Unterscheidung zwischen tatsächlichem (zwingendem) und vermeintlichem Finanzbedarf
- Bedarfsdeckung (Verwendung und Verwendungskontrolle des Kapitals)
- Kapitalwiedergewinnung und ggf. Rückführung bzw. Wiederanlage der finanziellen Mittel unter Beachtung wirtschaftlicher und steuerlicher Erfordernisse und Möglichkeiten
- Finanzielle Rationalisierung und Controlling (Liquiditäts- und Rentabilitätsverbesserung, Risikominderung, Verbesserung der Bilanzstruktur und Kreditwürdigkeit, Verringerung der Abhängigkeit von Kapitalgebern usw.).

1.2 Aktualität des Finanz-Managements

Die Entwicklung der Wirtschaftslage in den letzten zwei Jahrzehnten brachte in der Schweiz Erscheinungen wie
- Rezession und wirtschaftlichen Wiederaufschwung; Stagnation
- labilere Ertragslage vieler Unternehmen samt gefährdeter Selbstfinanzierung
- überhöhte Lagerhaltung infolge Absatzverlagerungen
- Veränderung der Zahlungsmoral / verschlechterte Debitorenziele
- steigende Zahl von Konkursen und Nachlaßstundungen
- verschärftes Mahnwesen der Lieferanten
- Hoch- und Tiefzinsperioden
- vorsichtigere Kreditpolitik der Banken
- flottierende Wechselkurse im Einkauf und Verkauf mit der Gefahr von Kursverlusten
- wachsende Sozial- und Steuerlasten

und bildete eine echte *Herausforderung* an das Finanz-Management. Viele Erfahrungen aus der letzten Zeit haben mit Deutlichkeit die Notwendigkeit einer *verantwortungsvollen finanziellen Führung* bewiesen. Etliche Zusammenbrüche von Betrieben jeder Größenordnung hätten vermieden werden können, wenn die sich abzeichnenden Liquiditätsengpässe *rechtzeitig* erkannt und mit den Kapitalgebern geeignete Maßnahmen geplant worden wären.

1.3 Träger der finanziellen Führungsaufgaben

Als aktives Werkzeug im Rahmen der gesamten Führungstätigkeit sind die finanziellen Aufgaben jener Stelle zuzuordnen, die über alle erforderlichen Informationen verfügt.

Wer ist *Träger der finanziellen Führungsaufgaben* in der Unternehmung?
- In *größeren Unternehmungen* werden diese Aufgaben einem Mitglied der Geschäftsleitung (Finanzdirektor) zugeordnet, der sie mit Hilfe einer Anzahl von Fachkräften bewältigt. Wenig zweckmäßig wäre allerdings das

Delegieren finanzieller Führungsaufgaben an den Assistenten des Finanzchefs, welcher keine Kompetenzen, sondern nur datensammelnde Aufgaben hat.

– Im *Klein- und Mittelbetrieb* dagegen gehören diese Aufgaben (neben vielen andern) zum unmittelbaren Verantwortungsbereich des Unternehmers/Inhabers oder Geschäftsleiters, der in diesem Bereich eng mit seinem Buchhalter oder außenstehenden Stellen (Treuhänder, Kontrollstelle, Hausbank, Betriebsberater) zusammenarbeitet.

2. Grundlagen

Dieses Kapitel behandelt die begrifflichen und methodischen Grundlagen der Kapitalbedarfsermittlung, der Finanz- und Liquiditätsplanung (als Instrumente) und der Finanzierung des betrieblichen Umsatzprozesses.

2.1 Begriffliches und Abgrenzungen

2.1.1 Finanzwirtschaft und Finanzierung

Der *finanzwirtschaftliche Bereich* der Unternehmung ist jener Teil, welcher durch das *Vorhandensein von Kapital* erst die Voraussetzung für die betriebliche Leistungserstellung (Produkte, Dienstleistungen) schafft. Der entsprechende Vorgang wird als Finanzierung bezeichnet.

Unter *Finanzierung* (i. w. S.) versteht man, in Anlehnung an W. Hill, sämtliche Kapital- und Kreditoperationen in der Unternehmung, nämlich
- *Kapitalbeschaffung* (= Finanzierung i.e.S.): Verfügbarmachung von Kapital in Form von Geld oder Kredit = Beschaffung von Fremd- und Eigenkapital in der richtigen Höhe und zum richtigen Zeitpunkt.
- *Kapitaldisposition:* Verwendung der beschafften Kapitalien für Betriebszwecke (Investitionen, Beschaffung von Rohmaterial und Handelswaren usw.).
- *Kapitalrückzahlung* (= Definanzierung): Rückführung der Kapitalien an ihre Quelle im Laufe der normalen Betriebstätigkeit (Rückzahlung von Darlehen, Amortisation von Hypotheken usw.) oder nach Liquidation der Unternehmung.

Die Finanzwirtschaft (Finanzierung) hat neben der Bereitstellung des für die leistungswirtschaftliche Tätigkeit erforderlichen Geldkapitals und dessen wirtschaftlichem Einsatz noch eine zweite, äußerst wichtige Aufgabe: die *Erhaltung des finanziellen Gleichgewichts.* Dabei handelt es sich um eine laufend zu lösende Aufgabe, muß doch ständig dafür gesorgt werden, daß sich die Unternehmung im Zustand der Zahlungsfähigkeit befindet, d. h., daß die zu erwartenden Auszahlungen jederzeit durch die vorhandenen flüssigen Mittel und die erwarteten Einzahlungen gedeckt sind, was als Zustand der *Liquidität* bezeichnet wird.

Wir müssen also das gesamte Unternehmungsgeschehen betrachten *als Prozeß der Kapitalbeschaffung und Kapitalverwendung unter der Bedingung des jederzeitigen Ausgleichs von Einzahlungen und Auszahlungen.* Das folgende Schema des Leistungs- und Kapitalkreislaufes soll diese Zusammenhänge verdeutlichen:

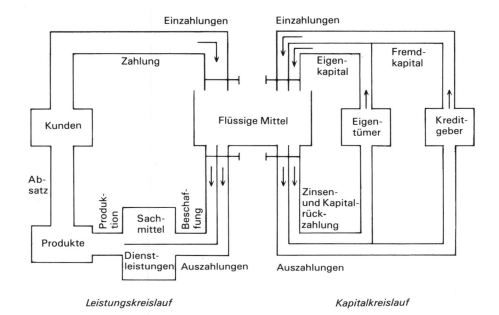

| Leistungskreislauf | Kapitalkreislauf |

2.1.2 Wirkungen der Finanzierung

Die Beschaffung von Kapital (Finanzierung i.e.S.) hat bilanzmäßig folgende *Wirkung*:

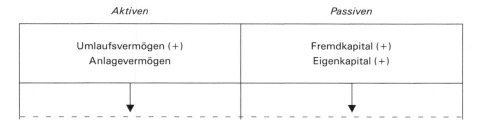

Aktiven	Passiven
Umlaufsvermögen (+)	Fremdkapital (+)
Anlagevermögen	Eigenkapital (+)

Die Bilanz (Fremd- oder Eigenkapital) wird, bildlich gesprochen, länger, da sich durch die Geldbeschaffung das Kapital und die liquiden Mittel erhöhen. Werden aus den Geldmitteln Anlagen gekauft, so spricht man von *Investierung* (Mittelverwendung), entsprechend der Abnahme der liquiden Mittel des Umlaufsvermögens und der Zunahme des *Anlagevermögens*. Investitionen können aber auch im Umlaufsvermögen (Erhöhung der Debitoren und Warenlagerbestände) erfolgen, insbesondere bei der Ausweitung des betrieblichen Umsatzprozesses.

Neben der Erhöhung der Bilanzsumme hat die Kapitalbeschaffung (Finanzierung) weitere *Folgen:*
- Verbesserung der Liquidität
- erhöhte Beweglichkeit und Dispositionsfreiheit der Unternehmungsleitung
- Verringerung der Rentabilität (sofern nicht durch die anschließende Investierung im gleichen Verhältnis mehr Gewinn erzielt wird).

2.1.3 Finanz- und Liquiditätsplanung

Als *Instrumente* zur Bewältigung der finanziellen Aufgaben in der Unternehmung stehen vor allem die Finanz- und Liquiditätsplanung zur Verfügung.

In der Literatur gibt es eine Vielzahl von ähnlichen oder sich teilweise widersprechenden Definitionen. Anstelle einer weiteren Definition soll im folgenden eine *Umschreibung* angegeben werden: *Finanzplanung* im weiteren Sinne ist die Darstellung und Steuerung der kurz-, mittel- oder langfristig erwarteten Einnahmen und Ausgaben der Unternehmung. Sie ist *Teil der gesamten Unternehmungsplanung* und enthält in der Regel Planerfolgsrechnung, Kapitalfluß- oder Geldflußplan, evtl. Planbilanz und Finanzierungsplan (vgl. auch weitere Begriffserläuterungen im Anhang).

Gemäß dieser Umschreibung umfaßt die Finanzplanung *alle zukünftigen finanzwirksamen Vorgänge der Unternehmung*, wie
- Ermittlung der zu erwartenden Einnahmen und Ausgaben sowie der daraus resultierenden Überschüsse respektive des Bedarfs an Zahlungsmitteln
- Disposition, d.h. Entscheidung über die optimale Beschaffung
- Verwendung der Zahlungsmittel für Betriebszwecke
- Kontrolle der Finanzsituation.

Die Finanzplanung – im Bestreben, den Geldhaushalt im Gleichgewicht zu halten – wirkt in die Gestaltung der anderen Pläne (Absatz, Produktion, Beschaffung, Investitionen, Personal usw.) ein. Der *Finanzplan* (als Dokument) ist eine wertmäßige Übersicht über die zu erwartenden finanzmäßigen Veränderungen.

2.1.4 Abgrenzungen

Während man sich vom *ertragswirtschaftlichen Gesichtspunkt* der Unternehmungsführung aus in erster Linie für den entstehenden *Aufwand und Ertrag* interessiert, verfolgt man vom *finanzwirtschaftlichen Gesichtspunkt* aus vor allem die *Einzahlungs- und Auszahlungsvorgänge*. So stellt die Beschaffung von Anlagen und Material wohl eine Auszahlung, aber keinen Aufwand dar, während der Verbrauch des Materials und die Nutzung von Anlagen Aufwand, aber keine Auszahlung verursachen.

Einzahlungen und Auszahlungen sind nicht mit Einnahmen und Ausgaben zu verwechseln. Eine Einzahlung liegt vor, wenn die Unternehmung von außen einen Geldbetrag empfängt, eine Auszahlung, wenn sie einen Geldbetrag nach außen überführt, also wenn sich die liquiden Mittel verändern. Die

Begriffe Einnahmen und Ausgaben sind dagegen weiter: Sie umfassen die *finanziellen Rechte und Pflichten der Unternehmung*. Werden beispielsweise am 1. September für Fr. 50 000.– Handelswaren auf Kredit eingekauft, so entsteht am gleichen Tag eine Ausgabe im Sinne einer rechtlichen Verpflichtung, jedoch keine Auszahlung. Erst wenn die Unternehmung die Ware bezahlt, entsteht auch eine Auszahlung im Sinne einer Abnahme der liquiden Mittel. Diese rechtlichen Aspekte werden bei der Liquiditätsbeurteilung nur selten berücksichtigt.

Schema zur Unterscheidung:

Rohmaterialien werden:

am 1. 9. bestellt: = *Ausgabe*	am 10. 10. bezahlt: = *Auszahlung*	im Dez. und Jan. verbraucht: = *Aufwand*

Produkte oder Dienstleistungen werden:

im Dez. und Jan. erstellt/erbracht = *Ertrag*	am 1. 3. verkauft: = *Einnahme*	am 8. 4. bezahlt: = *Einzahlung*

Der Einfachheit halber werden im folgenden für die Belange der Finanz- und Liquiditätsplanung die Begriffe Einzahlungen und Auszahlungen mit *gleicher Bedeutung* wie Einnahmen und Ausgaben verwendet: als *Zugang oder Abgang von flüssigen Mitteln* (Kasse, Bank, Postcheck).

2.2 Vom Kapitalbedarf zur Finanzierung

2.2.1 Überblick

Der Kapitalbedarf der Unternehmung wird durch *interne Faktoren* (Betriebsgröße, Art und Preise der Rohstoffe, Wertschöpfung, Produktionsverfahren, Art der Erzeugnisse usw.) und *externe Faktoren* (saisonale und konjunkturelle Entwicklung, Zahlungsmoral der Abnehmer, Geld- und Kapitalmarkt usw.) bestimmt.

Bevor man sich die Frage stellt, ob und auf welche Weise ein Kapitalbedarf durch finanzielle Maßnahmen gedeckt werden kann, ist dieser in seiner gesamten Höhe zu *ermitteln*. Dabei ist zu beachten, daß die Vermögensteile einer Unternehmung unterschiedliche Kapitalbedürfnisse haben, wie das nachfolgende *Schema* zeigt:

20

Schema: Vom Kapitalbedarf zur Finanzierung

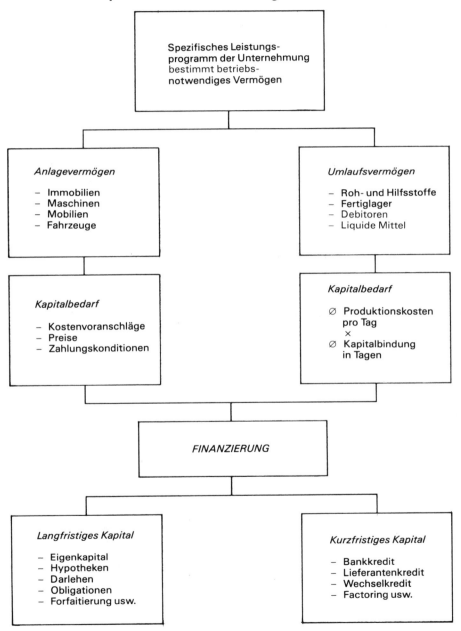

Spezifisches Leistungs-
programm der Unternehmung
bestimmt betriebs-
notwendiges Vermögen

Anlagevermögen

- Immobilien
- Maschinen
- Mobilien
- Fahrzeuge

Umlaufvermögen

- Roh- und Hilfsstoffe
- Fertiglager
- Debitoren
- Liquide Mittel

Kapitalbedarf

- Kostenvoranschläge
- Preise
- Zahlungskonditionen

Kapitalbedarf

∅ Produktionskosten
pro Tag
×
∅ Kapitalbindung
in Tagen

FINANZIERUNG

Langfristiges Kapital

- Eigenkapital
- Hypotheken
- Darlehen
- Obligationen
- Forfaitierung usw.

Kurzfristiges Kapital

- Bankkredit
- Lieferantenkredit
- Wechselkredit
- Factoring usw.

Die spezifische Art der Leistungserstellung der Unternehmung bestimmt die Höhe und Zusammensetzung des *Betriebsvermögens*. Der Kapitalbedarf seinerseits hängt von der Art des betriebsnotwendigen Vermögens in der folgenden Weise ab:
– Die *Anlagen* stehen während mehreren Rechnungsperioden zur Verfügung und werden gar nicht oder nur langsam verbraucht. Somit haben die Anlagen einen *langfristigen Kapitalbedarf*.
– Die *Umlaufsgüter* stehen in der Regel höchstens während einer Rechnungsperiode zur Verfügung. Meistens sind es kurzfristige Vorleistungen mit Kostencharakter (Waren, Lohn-, Mietkosten usw.). Dementsprechend haben die Umlaufsgüter einen *kurzfristigen Kapitalbedarf*.

Die *Methode* zur Bestimmung des Kapitalbedarfs der Vermögensteile ist die *Kapitalbedarfsrechnung*. Dabei handelt es sich um eine Grobplanung, die sich auf die Bereitstellung des erforderlichen Kapitals und dessen wirtschaftlichen Einsatz bezieht. Sie erfolgt vor allem im Zusammenhang mit der Gründung, Erweiterung, Umstrukturierung oder Sanierung von Unternehmungen, weniger jedoch im normalen Geschäftsablauf.

2.2.2 Kapitalbedarf des Umlaufsvermögens

Im Umlaufsvermögen sind die Mittel der laufenden Leistungserstellung des Betriebes gebunden. Solche sind:
– Löhne und Gehälter
– Roh- und Hilfsstoffe, Materialien
– Zinsen und Mieten
– Energie, Fremdleistungen
– Verwaltungskosten (Versicherungen, Steuern usw.).

Über die *Dauer* des im Umlaufsvermögen gebundenen Kapitals gibt folgendes *Schema* Auskunft:

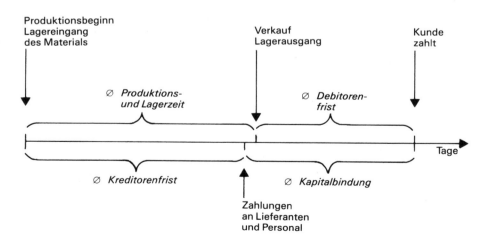

Der *Kapitalbedarf des Umlaufsvermögens* wird bestimmt durch die Dauer der durchschnittlichen Kapitalbindung, multipliziert mit den durchschnittlichen Ausgaben pro Tag für Vorleistungen (Löhne, Roh- und Hilfsstoffe, Gemeinkosten usw.).

Beispiel:

Ø Produktions- und Lagerzeit	35 Tage
+ Ø Debitorenfrist	45 Tage
− Ø Kreditorenfrist	30 Tage
= Ø Kapitalbindungsdauer zur Deckung der Umlaufsbedürfnisse	50 Tage

Ø Produktionsausgaben pro Tag	Fr.	3000.–

Kapitalbedarf des Umlaufsvermögens
somit:

Ø Kapitalbindung in Tagen × Ø Produktionsausgaben pro Tag	Fr.	150 000.–

Einbezogen werden bei genauerer Berechnung auch die Lagerdauer des Materials vor Produktionsbeginn und die Lagerdauer der Fertigwaren bis zum Moment des Verkaufs.

2.2.3 Übungsbeispiel: Berechnung des Umlaufskapitalbedarfs

Gegeben:

Geschätzter Umsatz pro Jahr		Fr.	3 600 000.–
davon: – Materialkosten	30%		
– Lohnkosten	35%		
– Herstellgemeinkosten	5%		
– Verwaltungs- und Vertriebskosten	15%		

Ø Lagerdauer des Rohmaterials	25 Tage
Ø Herstelldauer	60 Tage
Ø Lagerdauer der Fabrikate bis zum Verkauf	45 Tage
Ø Debitorenfrist	60 Tage
Ø Kreditorenfrist	25 Tage

Mittlerer Anfall der Lohnkosten:	25 Tage nach Produktions- beginn
Mittlerer Anfall der Herstellgemeinkosten:	bei Produktions- beginn
Mittlerer Anfall der Verwaltungs- und Vertriebskosten:	15 Tage vor Verkauf

Gesucht:
Wie hoch ist der Kapitalbedarf?
Lösung:
Erstellung des Zeitstrahles:

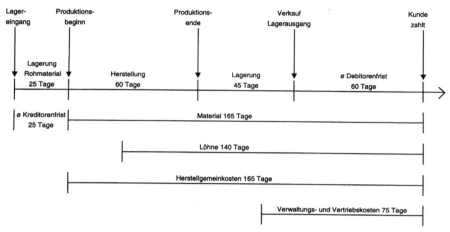

Berechnung des Kapitalbedarfs:
Kosten pro Tag × Kapitalgebundenheit in Tagen (je Ausgabenart).

– Material	Fr. 3 000 × 165 Tage = Fr. 495 000.–
– Löhne	Fr. 3 500 × 140 Tage = Fr. 490 000.–
– Herstellgemeinkosten	Fr. 500 × 165 Tage = Fr. 82 500.–
– Verwaltungs- und Vertriebskosten	Fr. 1 500 × 75 Tage = Fr. 112 500.–

Gesamter Kapitalbedarf zur
Finanzierung des Umlaufsvermögens   Fr. 1 180 000.–

Die obige Methode der Kapitalbedarfsermittlung im Umlaufsvermögen wird vor allem bei *Gründungsfinanzierungen* angewandt. Bei seit Jahren bestehenden Firmen interessiert der Kapitalbedarf im Umlaufsvermögen höchstens aus akademischen Gründen, da die Finanzierung bereits auf die eine oder andere Art geregelt wurde.

Allerdings besteht im Falle einer *geplanten Umsatzerhöhung* ein neuer Kapitalbedarf im Umlaufsvermögen, da die Bestände des Nettoumlaufs-vermögens ungefähr im Rahmen der Umsatzerhöhung zunehmen. Der um-gekehrte Effekt einer *Kapitalfreisetzung* tritt demgegenüber bei einem *Um-satzrückgang* ein und führt zu einer zeitweiligen Überliquidität.

2.2.4 Kapitalbedarf des Anlagevermögens

Im Falle der Gründung oder Erweiterung einer Unternehmung läßt sich der Kapitalbedarf relativ einfach aus folgenden Positionen des Anlagevermö-gens abschätzen:

- *Immobilien, Betriebsanlagen:* Voranschläge von Ingenieuren und Architekten, Verkaufspreise von Grundstücken usw.
- *Maschinen und Mobilien:* Offerten der Lieferanten für die notwendigen Maschinen und Mobilien samt Zahlungsmodalitäten.

2.2.5 Kapitalbedarf bei Firmengründung

Bei der Gründung einer Unternehmung gilt es, ein langfristiges strukturelles Gleichgewicht herzustellen, das die finanzielle Basis der Unternehmung gewährleisten und erhalten soll.

Zu den *Gründungs- und Anlaufkosten*, die vorzufinanzieren sind, gehören:
- Vorbereitungskosten (Studien, Projektierung)
- eigentliche Gründungskosten (Statuten, öffentliche Urkunden, Handelsregistereintrag, Stempel usw.)
- Finanzierungskosten (Vermittlungsgebühren, Bankprovisionen)
- Einrichtekosten (Löhne der Einrichtezeit, Personalauswahl, Umbauten usw.)
- Einführungskosten (Reklame, Lieferanten- und Kundenbesuche usw.)
- Anlaufkosten (z. B. Testen von Maschinen).

Die Höhe dieser Kosten kann nicht generell angegeben werden. Ein Zuschlag für Unvorhergesehenes ist notwendig.

2.3 Methoden der Finanzplanung
(Schematischer Überblick)

Erst nachdem der Kapitalbedarf des gebundenen Umlaufs- und Anlagevermögens bekannt ist, ist es sinnvoll, sich mit Fragen der Finanzierung zu befassen. *Finanzierungsfragen wiederum sind im Rahmen einer Finanzplanung zu lösen.* Im folgenden werden die zur Verfügung stehenden Verfahren schematisch dargestellt.

In den letzten Jahrzehnten sind etliche ähnliche Methoden zur Finanzplanung entwickelt worden. Je nach Zeithorizont sind zwei Hauptmethoden zu unterscheiden.

2.3.1 Mittel- und langfristige Finanzplanung (Kapitalflußplan)

Der *Kapitalflußplan* geht vom Erfolgsbudget aus und gibt einen guten Gesamtüberblick über die mittel- und langfristigen finanzmäßigen Veränderungen. Er ist eine *Zeitraumrechnung* über die zukünftigen Jahre.

Schema:

      Budgetierter Reingewinn gemäß Finanzbuchhaltung
+ Abschreibungen im Anlagevermögen gemäß Finanzbuchhaltung
± Veränderung der offenen Reserven (Passiven) und der stillen Reserven im Umlaufvermögen
− aktivierte Eigenleistungen
− Gewinnausschüttungen

= *Netto-Cash-flow*

+ Abnahmen von Aktiven (Debitoren, Lager, Produktions- und Finanzanlagen)
+ Zunahme von Passiven (Fremd- und Eigenkapitalien)
= Gesamter Mittelzufluß (1)

   Zunahme von Aktiven (Debitoren, Lager, Produktions- und Finanzanlagen)
+ Abnahme von Passiven (Rückzahlungen von Fremd- und Eigenkapital)
= Gesamte Mittelverwendung (2)

   Gesamter Mittelzufluß (1)
– Gesamte Mittelverwendung (2)
= Finanzüberschuß/Finanzbedarf pro Rechnungsperiode

Ein identischer Saldo (Finanzüberschuß resp. -bedarf) ergibt sich auch, wenn die *Planbilanzen* erstellt werden. Der Saldo entspricht dem Überschuß bzw. Bedarf an flüssigen Mitteln.

2.3.2 Kurzfristige Liquiditätsplanung (Geldflußplan)

Der *Geldflußplan* ist demgegenüber eine kurzfristige Übersicht über die auf Ende der zukünftigen Wochen oder Monate zu erwartenden Geldeingänge und Zahlungsverpflichtungen (Zeitpunktbetrachtung). Er ist insbesondere als *kurzfristige Liquiditätsvorschau* geeignet.

Schema:
   Barverkäufe
+ erwartete Debitorenzahlungen
+ erwartete Akontozahlungen
+ Erlös aus Anlagenverkäufen
+ übrige Einnahmen (Zinsen, Nebenerlöse, Darlehensrückzahlung usw.)
= Gesamter Geldzufluß (1)

   Löhne, Saläre
+ fällige Kreditorenrechnungen (Waren, Anlagen usw.)
+ Mietausgaben
+ Banken- und Darlehenszinsen
+ übrige Ausgaben (Rückzahlung von Darlehen, Gewinnausschüttung usw.)
= Gesamter Geldabfluß (2)

   Gesamter Geldzufluß (1)
– Gesamter Geldabfluß (2)
= Veränderung der flüssigen Mittel

2.3.3 Anforderungen an die Finanzplanung

Während der kurzfristige Geldflußplan in einer Reihe von Betrieben nur in Zeiten mit angespannter Liquidität aufgestellt wird, gehört der mittelfristige Kapitalflußplan zu den permanent zu erstellenden strategischen Plänen. Dementsprechend hat die Finanzplanung – analog einer ordnungsgemäßen Buchführung – einer Reihe von Anforderungen zu genügen. Dazu gehören insbesondere:

- *Systematik und Kontinuität:* Die einmal gewählte Systematik der Finanzplanung ist nicht ohne gewichtigen Grund abzuändern. Die Planerarbeitung hat sich in die *übrigen Abläufe* (Rechnungslegung, Budgetierung usw.) einzufügen. Es gibt keine isolierte Finanzplanung. Der überarbeitete Finanzplan sollte 1 bis 2 Monate vor Beginn jedes Geschäftsjahres vorliegen.
- *Klarheit:* Bei der Finanzplanung sollte das Prinzip der Klarheit gewahrt bleiben. Die *Begriffe* sind für alle Benützer verständlich zu wählen, eine allfällige Untergliederung hat sich an die betrieblichen Belange anzulehnen.
- *Umfang und Vollständigkeit:* Die Finanzplanung muß alle Einnahmen und Ausgaben und sämtliche Finanzmittel der Unternehmung umfassen. Es gibt weder Saldierungen (Verrechnung von Einnahmen und Ausgaben) noch Jahresabgrenzungen. Die Plandaten müssen im Hinblick auf die Kontrolle vollständig sein, während auf einen hohen (und aufwendigen) Genauigkeitsgrad verzichtet werden kann.
- *Kontrolle:* Die Finanzplanung erfüllt erst dann ihre Aufgabe als Steuerungsinstrument in der Unternehmung, wenn die Plandaten laufend mit den effektiven Werten verglichen werden. Bei maßgeblichen Abweichungen sind die Pläne flexibel *anzupassen.*
- *Wirtschaftlichkeit:* Die mit der Finanzplanung beauftragten Stellen bilden keinen «*Staat im Staate*», sondern erfüllen ihre Aufgaben im Rahmen ihrer übrigen Tätigkeiten. Der vertretbare Aufwand einer wirtschaftlichen Finanzplanung liegt im Umsatzpromillebereich.

3. Aufstellen des mittelfristigen Finanzplanes

3.1 Ableiten der Daten des Finanzplanes aus dem Unternehmungsplan

Wie bereits erwähnt, wird der Finanzplan nicht isoliert aufgestellt, sondern ergibt sich aus der Gesamtplanung der Unternehmung. Diese wird aus strategischer Sicht nicht mehr auf 15 oder 25 Jahre hinaus erarbeitet, sondern heute realistischerweise in der großen Mehrzahl der Fälle auf 1 bis 3, allenfalls in Großbetrieben auf 5 bis 10 Jahre hinaus.

Auch im Klein- und Mittelbetrieb haben Inhaber oder Geschäftsleiter *Vorstellungen über die Zukunft*. Diese sind Absichten, z. B. über
- Ersatz- und Erweiterungsinvestitionen
- Verbesserung des Produktionsprozesses
- Entwicklung neuer Dienstleistungen und Produkte
- Bearbeitung neuer Absatzwege usw.

Werden diese Absichten konkretisiert (und zwar in zeitlicher, sachlicher und wertmäßiger Hinsicht), entstehen die der jeweiligen Unternehmung entsprechenden *Teilpläne*, wie
- *Absatzplan* (Umsätze, neue Produkte, Werbung)
- *Beschaffungsplan* (Beschaffung von Rohmaterial und Halbfabrikaten, Einrichtungen, Maschinen, Fahrzeuge usw.)
- *Produktionsplan* (Art und Zeitplan der herzustellenden Produkte)
- *Personalplan* (Rekrutierung und Bereitstellen des benötigten Personals)
- Erfolgsplan
- Finanzplan.

Der *Finanzplan* ist letztlich der in *Geldwerten* ausgedrückte *Unternehmungsplan* und hat wichtige Steuerungsfunktionen. Erst nach Vorliegen des Finanzplanes kann entschieden werden, ob
- die mittelfristige Umsatz- und Ertragslage eine harmonische Unternehmungsentwicklung erlaubt
- die Investitionsprojekte der einzelnen Abteilungen finanziert werden können
- die übrigen Mittelbedürfnisse (Personal, Anlagen, Materialien) gedeckt werden können
- die erarbeiteten Mittel der Selbstfinanzierung und den Dividenden-Erwartungen der Geldgeber genügen usw.

Obwohl diese Schrift nicht der Unternehmungsplanung gewidmet ist, werden nachfolgend wegen der wichtigen Zusammenhänge zur Finanzplanung einige wesentliche Prinzipien aufgezeigt (vgl. hierzu auch F. Steiner: Strategische Planung zur Sicherung der Familienunternehmung). Die wichtigsten *Planungsbegriffe* sind im Anhang aufgeführt.

3.1.1 Nutzen und Grundsätze der Planung

Eine zweckmäßige Unternehmungsplanung bringt folgende *Nutzeffekte* mit sich:
- *Frühzeitiges Erkennen der Entwicklungsmöglichkeiten* und der notwendigen Veränderungen bestehender Strukturen
- *Verbesserung des Entscheidungsprozesses,* indem sichergestellt wird, daß Entscheide
  - auf die besten verfügbaren Informationen und Analysen gestützt werden
  - erst gefällt werden, wenn ihre Wirkung im Gesamtzusammenhang der Unternehmung abgeklärt worden ist
  - zur rechten Zeit getroffen werden
  - weiterverfolgt und verwirklicht werden
- *Vermehrte Delegation von Aufgaben*, damit die Geschäftsleitung von Tages- und Routineaufgaben entlastet wird und ihre volle Aufmerksamkeit auf Fragen größerer Wichtigkeit richten kann
- *Verbesserung der innerbetrieblichen Zusammenarbeit*
- *Optimierung des Mitteleinsatzes* (Personal, Anlagen, Material, Kapital) durch Festlegung von Prioritäten
- *Entwicklung neuer Ziele und Ideen* durch Ansporn zum kreativen Denken und zur systematischen Beschäftigung mit der Zukunft
- *Verbesserung der Leistungen* durch Setzen von konkreten Teilzielen und Durchführen von Erfolgskontrollen
- Ausrichten der Unternehmungsaktivitäten auf die *Möglichkeiten und Bedürfnisse* des Marktes.

Eine gut funktionierende Planung berücksichtigt dabei die nachstehenden *Grundsätze:*
- *Planung ist eine Hauptaufgabe der Vorgesetzten* aller Stufen und nicht primär von Buchhaltern oder Stabsstellen
- Integrierte Unternehmungsplanung erfordert eine gewisse Formalisierung des *Planungssystems.* Dieses besteht aus:
  - Planstruktur (Art und Inhalt der Pläne oder Teilpläne)
  - Planungsorganisation (Aufgabe der an der Planung beteiligten Personen)
  - Planungsprozeß (zeitlicher und logischer Ablauf der Planung)
- *Ziele, Maßnahmen und Mittel* müssen aufeinander abgestimmt werden
- Die Pläne werden im Sinne der *rollenden Planung* periodisch nach folgendem *Schema* überarbeitet:

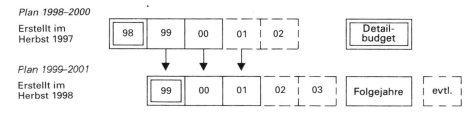

Plan 1998–2000
Erstellt im Herbst 1997

Plan 1999–2001
Erstellt im Herbst 1998

– Im weiteren sind die *Plandaten mit dem Budget zu verzahnen*. Das 1. Planjahr entspricht dem Budgetjahr (Detailjahr), die Folgejahre enthalten nur eine Grobplanung.

Das erste Planjahr (= Budgetjahr) kann wie folgt gegliedert und damit für den laufenden SOLL-IST-Vergleich vorbereitet werden:

Detailjahr	Total		1. Quartal		2. Quartal		3. Quartal	
	SOLL	IST	SOLL	IST	SOLL	IST	SOLL	IST

– Der Vollzug der Pläne wird mittels periodischer *Plankontrolle* überwacht
– Die Pläne sind nicht als auf die gesamte Dauer festgelegt und unveränderlich zu betrachten, sondern sollen die Beweglichkeit der Führung gewährleisten. Beim Auftreten von neuen Erkenntnissen und von Umständen interner und externer Art werden *Ziel- und Planrevisionen* erforderlich.

3.1.2 Gedankliches Planungsschema

Das *gedankliche Schema* der Unternehmungsplanung (Seite 32) beruht auf folgenden Prinzipien:
– Basis der Planung sind die *Umweltanalyse und -prognose* sowie die *Unternehmungsanalyse*. Diese Pfeiler geben gewissermaßen die *Leitplanken* der Planungsarbeit ab: zwingende externe und interne Faktoren, wie Konkurrenztätigkeit, betriebliche Stärken und Schwachstellen, Engpässe usw.
– Aufgrund dieser Problemanalysen gelangt man konsequenterweise zur Erarbeitung der *Zielsetzungen*, als kreativem Akt der Führung. Diese müssen betreffend Inhalt, Ausmaß, Zeitpunkt und Verantwortungsbereich bestimmt werden
– Als *Strategie* bezeichnen wir den Umsetzungsprozeß von den Zielen zu den *Maßnahmen*, die für die Zielerreichung erforderlich sind
– Alle Maßnahmen und Projekte brauchen *Mittel* an Personal, Anlagen, Material, Kapital
– Im Rahmen der *Planabstimmung* ist die Frage zu beantworten, ob die zukünftig vorhandenen Mittel zur Durchführung der Maßnahmen ausreichen oder ob ein
– *Feedback* (Rückkoppelung) im Hinblick auf eine Revision der Ziele, Maßnahmen und Mitteldispositionen durchzuführen ist.

3.1.3 Planstruktur

Der tabellarische Teil der Unternehmungsplanung betreffend Art und Inhalt der Pläne kann beispielsweise wie auf Seite 33 und 34 dargestellt werden (fett umrandet sind die Planjahre 1998–2000):

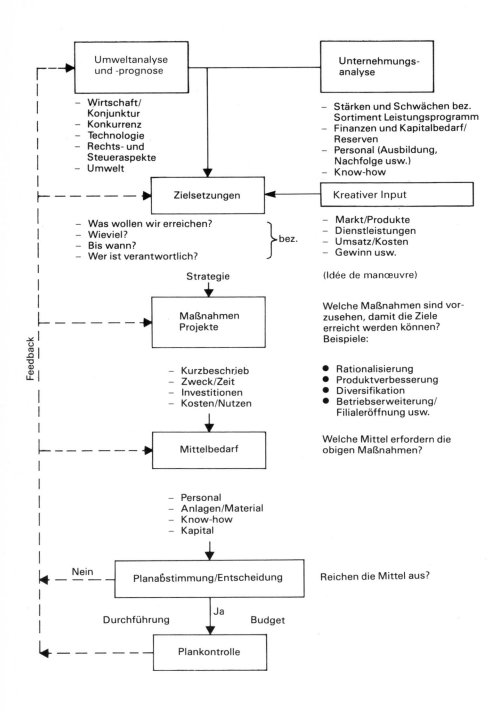

A: Umsatzplan (Fr.)	1996 Eff.	1997 L. Budg.	1998 N.Budg.	1999 Plan	2000 Plan
Produkte/Sparten					
–					
–					
–					
–					
Total Umsatz					

– Produktionsplan
– Werbeplan
– Neue Produkte/Diversifikation
– usw.

B: Investitionen (Fr.)	1996	1997	1998	1999	2000
Projekte/Bereiche					
–					
–					
–					
–					
Total					

C: Personalplan (Pers.)	1996	1997	1998	1999	2000
Bereiche					
–					
–					
–					
–					
Total Personen					

– Rekrutierung, Personalaufwand
– Nachwuchsplanung
– Ausbildungsplan
– usw.

D: Erfolgsplan (Fr.)	1996 Eff.	1997 L. Budg.	**1998** N.Budg.	**1999** Plan	**2000** Plan
Umsatz (A)					
./. Erlösschmälerungen					
./. Einkauf					
./. + Lagerveränderung					
= Deckungsbeitrag (Marge)					
Personalaufwand (C)					
Material (A)					
Fremdleistungen					
Vermögensbedingte Aufwendungen					
Total Aufwand					
= Gewinn/Verlust					

Feedback – Umsatzplan
       – Investitionsplan
       – Aufwendungen
       – Personalplan

E: Finanzplan (Fr.)	1996	1997	**1998**	**1999**	**2000**
Gewinn/Verlust (D)					
+ Abschreibungen					
– Dividenden					
= Netto-Cash-flow					
+ Kapitalerhöhung					
+ Krediterhöhung					
+ Desinvestition					
– Investitionen (B)					
– Tilgung von Schulden					
= Finanzbedarf/-überschuß					

– Vorgelagerte Pläne A, B, C, D   – Gewinnverteilung
– Bilanzplan   – Kapitalbeschaffung
– Kapitalbedarf   – Kapitalverwendung

3.1.4 Planungsorganisation und Planungsprozeß

Wie bereits erwähnt, ist die Unternehmungsplanung keine einmalige oder isolierte Angelegenheit, sondern hat sich in den normalen *Führungsrhythmus einzugliedern.* Diese Forderung wird am besten verwirklicht, wenn die entsprechenden Aufgaben den jeweils verantwortlichen Personen terminiert zugewiesen werden. Die Darstellung auf Seite 36 zeigt ein Beispiel einer organisatorischen und ablaufmäßigen Regelung der Planung im Verlauf eines Geschäftsjahres in einem Mittelbetrieb (Familienunternehmung).

Ein derart geordneter Führungs- und Planungsrhythmus gewährleistet nicht nur eine geordnete Entscheidungsbildung innerhalb Geschäftsleitung, Verwaltungsrat und Generalversammlung, sondern auch die Berücksichtigung der Beiträge der zweiten und dritten Führungsebene, die auch von familienfremden Chefpersonen besetzt sein können.

3.2 Ausarbeiten des Finanzplanes

Wir nehmen an, daß wir uns im Herbst 1997 befinden und uns mit der Budgetierung des Jahres 1998 befassen. Zu diesem Zeitpunkt liegen die Zahlen des Jahres 1996 als letzte gesicherte Basis vor, während für das Jahr 1997 ein laufendes evtl. revidiertes Budget besteht. Das Ausarbeiten des Finanzplanes erfolgt in drei Schritten:
- Planerfolgsrechnung
- Finanzplanung
- Planbilanz.

3.2.1 Planerfolgsrechnung

Ausgangspunkt der Finanzplanung ist die *Planerfolgsrechnung.* Aus dieser sind Umsätze, Aufwendungen und Reingewinne ersichtlich. Es hat sich gezeigt, daß es auch für den Klein- und Mittelbetrieb zweckmäßig ist, die Planung in groben Zügen 2 bis 3 Jahre über den Budgethorizont hinauszuziehen. Da mit Ausnahme der Abschreibungen und der Reservebildung resp. ihrer Auflösung alle Positionen mittelfristig zu Einnahmen oder Ausgaben führen, kann von der Planerfolgsrechnung direkt zum Finanzplan übergegangen werden.

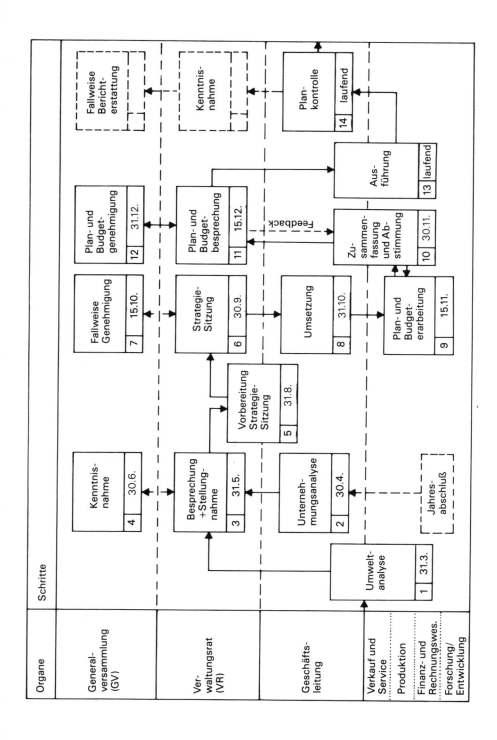

In den nachfolgenden *Tabellen* sind alle *Planzahlen* stark ausgezogen:

Plan-Erfolgsrechnung (in 1000 Fr.)	1996 IST	1997 Budget laufend	1998 Budget neu	1999 Plan	2000 Plan
Umsatz brutto	15 000	13 500	14 000	15 000	15 500
– Skonti, Rabatte	600	500	500	700	700
– Warenaufwand	7 800	7 100	7 200	7 900	8 200
= *Bruttogewinn*	6 600	5 900	6 300	6 400	6 600
– Personalaufwand	3 300	3 100	3 000	3 200	3 300
– Fremdleistungen	700	650	800	700	600
– Materialaufwand	800	700	900	1 000	1 000
– Zinsen	500	650	400	400	450
– Abschreibungen (kalkulatorisch)	800	900	900	700	800
= *Betriebsgewinn* (gemäß Betriebsbuchhaltung)	500	– 100	300	400	450
– Steuern	220	240	50	150	200
± Reservenveränderung (Bildung – / Auflösung +)	– 100	+ 460	– 200	– 100	– 50
= Reingewinn (gemäß Finanzbuchhaltung)	180	120	50	150	200

3.2.2 Finanzplanung

Der *Finanzplan* geht vom *Saldo* der Planerfolgsrechnung (= Reingewinn resp. Reinverlust) aus und ermittelt als erste Stufe den *Netto-Cash-flow*. Dieser Wert stellt jenen Betrag an erarbeiteten Mitteln dar, der nach Gewinnentnahme für die Selbstfinanzierung des Betriebes verbleibt. (Man darf sich diesen Betrag aber nicht etwa als Bargeldsumme vorstellen, die Ende des Jahres zur Verfügung steht; der erarbeitete Cash-flow wird laufend wieder investiert.)

Finanzplan (in 1000 Fr.)	1996 IST	1997 Budget laufend	1998 Budget neu	1999 Plan	2000 Plan
Reingewinn	180	120	50	150	200
− Gewinnausschüttung (Dividenden, Tantiemen, Privatbezüge)	120	120	−	60	120
+ Abschreibungen	800	900	900	700	800
± Veränderung der Reserven	+ 100	− 460	+ 200	+ 100	+ 50
= Netto-Cash-flow	960	440	1 150	890	930
+ Abnahmen des Umlaufsvermögens (flüssige Mittel, Debitoren, Lager)	200	−	−	−	200
+ Verkauf von Anlagen	−	300	−	−	−
+ Rückzahlung von gewährten Darlehen	−	−	−	200	−
+ Erhöhung des kurzfristigen Fremdkapitals (Kreditoren, Bank)	100	100	100	100	−
+ Aufnahme langfristigen Fremdkapitals (Darlehen, Hypothek)	−	−	−	100	−
+ Erhöhung des Eigenkapitals	−	−	100	−	100
= Totaler Mittelzufluß (1)	1 260	840	1 350	1 290	1 230
Zunahmen des Umlaufsvermögens	−	300	200	500	−
+ Ersatz-, Rationalisierungs- und Erweiterungsinvestitionen	800	200	1 300	600	700
+ Rückzahlungsverpflichtungen bei kurz- und langfristigem Fremdkapital	200	340	−	−	200
+ Darlehensgewährung	260	−	−	−	300
= Totale Mittelverwendung (2)	1 260	840	1 500	1 100	1 200
Finanzüberschuß/Finanzbedarf pro Jahr (1)−(2)	−	−	− 150	+ 190	+ 30
Dito kumuliert	−	−	− 150	+ 40	+ 70

Zum Netto-Cash-flow werden Abnahmen von Aktiven (Desinvestitionen) sowie Zunahmen von Passiven (Finanzierung) aus der Bilanz gerechnet. Vom resultierenden gesamten *Mittelzufluß* wird die geplante *Mittelverwendung* (Investitionen im Umlaufs- und Anlagevermögen sowie Rückzahlungen von Schulden) in Abzug gebracht, so daß als *Saldo* ein *Finanzüberschuß oder Finanzbedarf* verbleibt.

Der Finanzplan gibt somit den Überblick über die finanzielle Entwicklung während einer Jahresperiode und zeigt auch, ob die Gründe einer möglichen Finanzklemme im erfolgswirksamen Betriebsbereich liegen oder im finanziellen Bereich der Zahlungsmittelströme infolge erfolgsneutraler Veränderung der Bilanzpositionen.

3.2.3 Planbilanz

Eine mögliche Ergänzung der Finanzplanung sind die *Planbilanzen*. Hierbei werden die wichtigsten Bilanzpositionen aufgrund der geplanten Vorhaben pauschal dargestellt. Werden in den unbereinigten Planbilanzen erst die Auswirkungen der Pläne im Umlaufs- und Anlagevermögen berücksichtigt, läßt sich der entsprechende Finanz- oder Kapitalbedarf auf der Passivseite erkennen (Aktiven minus bekanntes, vorhandenes Fremd- und Eigenkapital). In den bereinigten Planbilanzen ist demgegenüber die Finanzierung geregelt. Anhand der Planbilanzen kann auch die zukünftige Finanzsituation kontrolliert werden (vgl. Abschnitt 7).

Planbilanz (in 1000 Fr.)	31.12. 1996	31.12. 1997	31.12. **1998**	31.12. **1999**	31.12. **2000**
Umlaufsvermögen	6 500	6 800	7 000	7 500	7 300
Anlagevermögen	3 300	2 300	2 700	2 400	2 600
Bilanzsumme	9 800	9 100	9 700	9 900	9 900
Kurzfristiges Fremdkapital	3 400	3 500	3 600	3 700	3 500
Langfristiges Fremdkapital	2 800	2 460	2 460	2 560	2 360
Eigenkapital	3 600	3 140	3 490	3 680	3 910

3.3 Praktische Handhabung des Finanzplanes

3.3.1 Überarbeitung und Anpassung

In der Praxis muß der Finanzplan in der Regel *einige Male überarbeitet* werden, bis er sich im Gleichgewicht befindet.

Dabei gibt ein übermäßiger Finanzüberschuß oder Finanzbedarf Anlaß zu ergänzenden betrieblichen oder finanziellen Maßnahmen, wie zeitliche Verschiebung von Investitionen, Kredit- oder Kapitalerhöhung, Schuldtilgung usw. Selbstverständlich sind die Rückwirkungen auf die übrigen Pläne in Betracht zu ziehen, was mit heftigen Diskussionen zwischen den verantwortlichen Personen im Betrieb verbunden sein kann.

Wichtigstes Ziel des praktischen Gebrauchs der Finanzplanung ist die Sicherung der finanziellen *Flexibilität*, insbesondere bei dauernd sich verändernden Voraussetzungen. Der erarbeitete und mittels mehrerer Arbeitsgänge bereinigte Finanzplan zeigt ein mögliches betriebliches Gleichgewicht in finanzieller Hinsicht, das aber nur in den wenigsten Fällen effektiv auch eintreten wird. Marktkräfte und betriebsinterne Faktoren werden dafür sorgen, daß immer wieder *Abweichungen* bei den erwarteten Werten des Mittelzuflusses und der Mittelverwendung vorkommen. Für die Geschäftsleitung ist es somit wichtig, *Ausmaß und Richtung der Abweichung* zu kennen, wobei vor allem der *Saldo* (Finanzbedarf/Finanzüberschuß) interessiert. Zweckmäßig zu seiner Ermittlung sind vierteljährliche *SOLL-IST-*

Vergleiche im laufenden Jahr (vgl. Abschnitt 7.1, Plankontrolle). Sind die Saldo-Abweichungen erheblich, so ist durch finanzpolitische Maßnahmen das Gleichgewicht wiederherzustellen.

Jährlich einmal ist der Finanzplan nach dem *Prinzip der rollenden Planung* zu überarbeiten, wobei ein neues Jahr zahlenmäßig erfaßt und das Budgetjahr den Erfordernissen entsprechend detailliert wird.

Die skizzierte systematische Finanzplanung für den Mittelbetrieb paßt sich dem *betrieblichen Führungsprozeß* an und basiert auf bereits vorhandenen Unterlagen aus dem Rechnungswesen sowie den Absichten der Geschäftsleitung. Der zusätzliche Arbeitsaufwand zur Durchführung der Finanzplanung ist in der Regel bescheiden. Die *Vorteile* sind dagegen bestechend: Die Kenntnis der möglichen finanziellen Entwicklung und allfälliger Engpässe führt zu *größerer Sicherheit* der Geschäftsleitung bei gleichzeitiger Konzentration auf die wesentlichen Tatbestände sowie zu einer ruhigeren Haltung gegenüber der Hektik des Alltagsgeschäftes.

3.3.2 Vorlagen aus der Praxis

Langfristige Vorschaurechnung
Das nebenstehende Planungsschema vereinigt in übersichtlicher Form die drei Teilpläne:
– Planerfolgsrechnung (= Erfolgsrechnung)
– Finanzplan (= Finanzierungsrechnung)
– Bilanzplan (= Bilanz zum Zeitraumende).

Der Planausgleich ab dem ersten Planjahr 1998 wird über die Position «Veränderung der kurzfristigen Verbindlichkeiten» bewerkstelligt.

Mittelfristiger Planungsrahmen (siehe Seiten 42 und 43)
Der Zeitraster ist offen, um sowohl eine mittelfristige Planung wie auch einen kurzfristigen SOLL-IST-Vergleich zu gewährleisten.

Finanzplanung im Saisonbetrieb
Schema siehe Seite 44.

Langfristige Vorschaurechnung (nach Walz)

Langfristige Vorschaurechnung		1996 TDM	1996 %	1997 TDM	1997 %	1998 TDM	1998 %	1999 TDM	1999 %	2000 TDM	2000 %	2001 TDM	2001 %	2002 TDM	2002 %	2003 TDM	2003 %
Erfolgsrechnung																	
Umsatz	Veränderung	– 1 000	7	– 500	– 3	1 100	– 8	1 200	– 8	1 300	– 8	1 400	– 8	1 600	– 8	1 700	– 8
	Gesamt	15 000	100	14 500	100	15 600	100	16 800	100	18 100	100	19 500	100	21 100	100	22 800	100
bedingt umsatz- abhängig	Personal	3 090	21	3 240	22	3 600	23	3 900	23	4 300	24	4 700	24	5 100	24	5 500	24
	Abschreibung	570	4	570	4	700	5	700	4	700	4	700	4	700	3	700	3
	Sonstiges	1 720	11	1 680	12	1 870	12	2 000	12	2 170	12	2 340	12	2 530	12	2 730	12
umsatz- abhängig	Material	6 500	43	6 000	42	6 700	43	7 200	43	7 800	43	8 400	43	9 100	43	9 800	43
	Sondereinzelkosten – Skonti	1 510	10	1 160	8	1 250	8	1 340	8	1 450	8	1 560	8	1 690	8	1 820	8
BRUTTO-ERTRAG		1 610	11	1 850	13	1 480	10	1 660	10	1 680	9	1 800	9	1 980	9	2 250	10
Gewinnabhängige Betriebsausgaben		290	–	330	–	270	–	300	–	300	–	320	–	360	–	400	–
NETTO-ERTRAG		1 320	9	1 520	10	1 210	8	1 360	8	1 380	8	1 420	7	1 520	7	1 850	8
Finanzierungsrechnung																	
Privat	Persönliche Steuern	–	–	–	–	670	–	760	–	770	–	790	–	850	–	1 030	–
	Sonstige Einnahmen	–	–	–	–	70	–	70	–	70	–	70	–	70	–	70	–
Kapitalveränderung		–	–	–	–	+ 470	–		–		–		–		–		–
langfristig – Aufnahme		–	–	–	–	+ 600	–	+ 530	–	+ 540	–	+ 560	–	+ 600	–	660	–
Fremdmittel – Tilgung		–	–	–	–	– 120	–	– 200	–	– 200	–	– 200	–	– 200	–	– 200	–
Brutto-Verfügungsbetrag		–	–	–	–	+ 950	–	+ 330	–	+ 340	–	+ 360	–	+ 400	–	+ 460	–
Netto-Investitionen		–	–	–	–	– 1 000	–	+ 100	–	+ 100	–	+ 100	–	+ 100	–	+ 100	–
Auswirkung Warenbestände		–	–	–	–	– 270	–	– 300	–	– 320	–	– 350	–	– 400	–	– 430	–
Umsatzveränderung	Forderungsbestände	–	–	–	–	– 130	–	– 140	–	– 160	–	– 170	–	– 190	–	– 200	–
Veränderung der kurzfristigen Verbindlichkeiten		–	–	–	–	– 450	–	– 10	–	– 40	–	– 60	–	– 90	–	– 70	–
Bilanz zum Zeitraumende																	
Aktiva	Anlagen	2 300	27	2 600	29	3 600	34	3 500	32	3 400	30	3 300	28	3 200	26	3 100	24
	Waren	4 100	47	4 000	43	4 270	40	4 570	42	4 890	43	5 240	45	5 640	46	6 070	48
	Forderungen	2 400	26	2 600	28	2 730	26	2 870	26	3 030	27	3 200	27	3 390	28	3 590	28
	Gesamt	8 800	100	9 200	100	10 600	100	10 940	100	11 320	100	11 740	100	12 230	100	12 760	100
Passiva	kurzfristige Fremdmittel	3 280	37	3 230	35	3 680	35	3 690	34	3 730	33	3 790	32	3 880	32	3 950	31
	langfristige Fremdmittel	1 640	19	1 520	17	2 000	19	1 800	16	1 600	14	1 400	12	1 200	10	1 000	8
	Kapital	3 880	44	4 450	48	4 920	46	5 450	50	5 990	53	6 550	56	7 150	58	7 810	61
	Gesamt	8 800	100	9 200	100	10 600	100	10 940	100	11 320	100	11 740	100	12 230	100	12 760	100

% — Erhöhung

Mittelfristiger Planungsrahmen (in 1000 Fr.)

Erstellungsdatum: ....

1 Umsatzplanung

Legeabteilung (Ausmaß)					
(Regie)					
Baumaterial (Lager)					
(Transit)					
Bindemittel (Transit)					
Platten (Lager)					
(Transit)					
Backsteine					
Werkzeug					
Wapro					
Schreinerei					
Schlosserei					
Transport					
Brutto-Umsatz					
– Erlösminderungen					
Netto-Umsatz					

3 Aufwandplanung

Personalkosten					
Raum- und Einrichtekosten					
Bürokosten					
Verzinsung					
Reklame					
Autokosten					
Kundendienst					
Betriebsbedarf					
Allgemeine Unkosten					
Total Aufwand					

4 Investitionsplanung

Büro					
Legeabteilung					
Handel					
Wapro					
Schlosserei					
Schreinerei					
Transport					
Total Investitionen					

2 Materialeinkaufsplan

Legeabteilung (Ausmaß)							
(Regie)							
Baumaterial (Lager)							
(Transit)							
Bindemittel (Transit)							
Platten (Lager)							
(Transit)							
Backsteine							
Werkzeug							
Wapro							
Schreinerei							
Schlosserei							
Transport							
Total Materialeinkauf							

5 Finanzplanung

Netto-Umsatzeinnahmen							
neutrale Erträge							
Abnahme eigener Forderungen							
Zunahme von Kreditoren							
Kapitaleinlagen							
Total Einnahmen							
Materialeinkäufe							
Betriebsaufwendungen							
neutrale Aufwendungen							
Investitionen							
Zunahme eigener Forderungen							
Abnahme von Kreditoren							
Gewinnauszahlung							
Total Ausgaben							
Anfangsbestand flüssige Mittel							
+ Einnahmen							
− Ausgaben							
= Schlußbest. flüssige Mittel							

Finanzplanung im Saisonbetrieb

Hier hat der kurzfristige SOLL-IST-Vergleich Priorität, zwei Folgejahre zeigen die mittelfristige Marschrichtung auf.

Einnahmen Ausgaben	1. Quartal		2. Quartal		3. Quartal		4. Quartal		Total 1998			1999	2000
	SOLL	IST	SOLL	IST	SOLL	IST	SOLL	IST	SOLL	IST	Abw.	SOLL	SOLL
Netto-Umsatzeinnahmen													
neutrale Erträge													
Darlehensrückzahlung													
Anlagenverkäufe													
Verkauf von Immobilien													
Aufnahme von Bankkrediten													
Ausgabe neuer Obligationen													
Zeichnung von Anteilscheinen													
Total Einnahmen													
Obst- und Wareneinkäufe													
Betriebsausgaben													
Investitionen													
Gewährung von Darlehen													
Rückzahlungsverpflichtungen													
Gewinnausszahlung													
Total Ausgaben													
Anfangsbestand liquide Mittel													
+ Einnahmen													
− Ausgaben													
= Schlußbestand liquide Mittel													

Die Finanzplanung kann durch eine Planbilanz und Planerfolgsrechnung ergänzt werden.

4. Aufstellen des Liquiditätsplanes

4.1 Methodik und Handhabung

4.1.1 Grundsätzliches

Im Gegensatz zum mittel- bis langfristigen Finanzplan stellt die Liquiditätsplanung eine *kurzfristige* Aufgabe dar. Hierzu werden die zukünftigen Geldeingangserwartungen mit den Zahlungsverpflichtungen (im Sinne einer Zeitpunktbetrachtung gem. Abschnitt 2.3.2) verglichen. Im *tabellarischen Beispiel* werden die auf Ende der zukünftigen Monate resp. Wochen bekannten Zahlungsverpflichtungen den erwarteten Geldzugängen gegenübergestellt. Ein allfälliger positiver Saldo erhöht die Bestände an flüssigen Mitteln (Kassa, Bank, Postcheck), ein Manko senkt diese und ist aus der Liquiditätsreserve (nicht beanspruchte Bankkredite, Wertschriften, Reserveportefeuille usw.) zu decken. Reicht diese nicht aus, so stehen Zeitpunkt, Höhe und Dauer des Engpasses fest und verlangen *liquiditätspolitische Maßnahmen*. Erfahrungsgemäß ist die Kenntnis dieser Faktoren eines Liquiditätsengpasses bereits der halbe Weg zu dessen Überwindung.

Bei den *Einnahmen* ist auf den *Zeitpunkt* abzustellen, bei welchem die Verkaufserlöse resp. andere beschaffte Kapitalien bar in der Kasse, auf dem Postcheck- oder Bankkonto verfügbar sind. Desgleichen kommt es bei *Ausgaben* auf die tatsächliche *Fälligkeit* von Betriebsaufwendungen, Investitionen oder Kapitalrückzahlungen an.

Der Liquiditätsplan hat die *Aufgabe*, einen Überblick über die voraussichtlichen Zahlungsverpflichtungen und die zu erwartenden Eingänge zu geben und auf diese Weise die *Zahlungsfähigkeit* der Unternehmung zu jedem Zeitpunkt zu gewährleisten. Unter bestimmten Voraussetzungen, wie häufige Engpässe oder große Geldströme (Detailhandel), reicht ein monatlicher oder wöchentlicher Liquiditätsplan nicht aus, so daß es nötig sein kann, die Planzahlen auf die einzelnen Tage aufzuteilen und diesen Tagesplan mit einer Tageskontrolle zu verbinden (tägliches Cash-Management).

4.1.2 Beispiel eines Liquiditätsplanes

Liquiditätsplan (in 1000 Fr.)		Januar	Februar	März	2. Quartal	3. Quartal	4. Quartal
	Zahlungsverpflichtungen am Monatsende:						
a)	Löhne, Saläre usw.	170	180	180	520	550	520
b)	Fällige Lieferantenrechnungen (Waren, Anlagen)	320	430	330	980	1050	1000
c)	Raum- und Maschinenmiete	110	100	90	300	260	250
d)	Bank- und Darlehenszinsen	50	50	50	160	180	200
e)	Investitionen	30	60	20	110	70	100
f)	Übrige Ausgaben (Rückzahlung von Schulden, Kontokorrentkrediten usw.)	–	–	–	–	60	50
	Total Geldabgänge (1)	680	820	670	2070	2170	2120
	Einnahmen im Laufe des Monats:						
a)	Barverkäufe	110	100	120	1950	2100	1950
b)	Erwartete Debitoreneingänge	480	450	500			
c)	Erwartete Akontozahlungen	90	80	20			
d)	Erlös aus Anlagenverkäufen	–	–	–	–	–	–
e)	Übrige Einnahmen (Zinsen, Nebenerlös, Darlehensrückzahlung usw.)	30	40	40	120	140	100
	Total Geldzugänge (2)	710	670	680	2070	2240	2050
	Saldo Geldströme (2 – 1)	+ 30	– 150	+ 10	–	+ 70	– 70
+	Anfangsbestand an flüssigen Mitteln (Kasse, Bank, PC)	20	50	10	20	20	90
+	Zu beschaffende Mittel (Kredite, liquiditätspolitische Maßnahmen)	–	110	–	–	–	–
=	Endbestand an flüssigen Mitteln	50	10	20	20	90	20

4.1.3 Handhabung des Liquiditätsplanes

In der Praxis sind ganzjährige Liquiditätspläne, wie im obigen Beispiel, die Ausnahme. Üblicherweise wird Ende des Vorjahres das 1. Quartal des Folgejahres nach Monaten oder Wochen detailliert und das zweite Quartal pauschal geplant. Im Sinne der *rollenden Planung* wird Ende März das Folgequartal aufgegliedert und das dritte Quartal pauschal in den Liquiditätsplan aufgenommen usw.

Die Differenz zwischen den erwarteten Einnahmen (inkl. Anfangsbestand an flüssigen Mitteln) und den Ausgaben gibt über die *Zahlungsbereitschaft* Auskunft. Entweder ergibt sich daraus ein Zahlungsüberschuß oder eine Zahlungsunterdeckung. Die Differenzermittlung ist wertvoll, wenn sie monatlich erfolgt, damit über die Liquidität jederzeit Auskunft erteilt werden kann. Die Entwicklung der Zahlungsdifferenz zeigt die jeweilige Liquiditätslage der Unternehmung.

Bei einem negativen Saldo hat die Unternehmung dank der Vorschau die Möglichkeit, frühzeitig für die Beschaffung der entsprechenden Mittel resp. Änderung der Dispositionen zu sorgen. Umgekehrt kann sie bei positivem

Saldo zum voraus darüber befinden, was mit den überschüssigen Mitteln zu geschehen hat, ob diese in der Kasse liegenbleiben oder ob sie in irgendeiner Form angelegt werden sollen.

Ein negativer Saldo zwischen Einnahmen und Ausgaben erfordert *liquiditätspolitische Maßnahmen*, die im Abschnitt 4.3 dargestellt sind.

4.1.4 Vorlagen aus der Praxis

Zahlungsbereitschaftsbudget (nach Twerenbold)

Positionen	Erläuterungen	Januar		Februar		März		Total	
		SOLL	IST	SOLL	IST	SOLL	IST	SOLL	IST
Einnahmen									
a) Umsatz – Barverkäufe	Kassaeinnahmen aus Verkäufen								
– Zahlungen von Debitoren	Einzahlungen von Kunden aus Verkäufen gegen Rechnung								
b) Desinvestitionen	Einnahmen aus Verkauf von Mobiliar, Anlagen, Wertschriften								
c) Einnahmen aus Kapitalanlagen	Zinsen, Dividenden (Aktien, Obligationen usw.)								
d) Übrige Einnahmen – Rückvergütung in bar	z.B. infolge Reklamation, Schadendeckung								
– Liegenschaft	Mietzinsen								
– Sonstiges	....								
Total Einnahmen (1)									

Positionen	Erläuterungen	Januar		Februar		März		Total	
		SOLL	IST	SOLL	IST	SOLL	IST	SOLL	IST
Ausgaben									
a) Waren- u. Materialaufwand									
– Barauslagen	Kassaentnahmen für Käufe								
– Zahlungen an Kreditoren	Auszahlungen als Folge von Käufen gegen Rechnung								
b) Personal	Lohnzahlungen, Prämien								
c) Verpflichtungen durch Fremdkapital									
– Tilgung	Darlehensrückzahlungen								
– Zinsen	Fällige Bankzinsen, Darlehenszinsen								
d) Investitionen	Anlagen und Mobilien, Geräte, Fahrzeuge, Wertpapiere								
e) Raum- und Maschinenmiete	Fällige Mietzahlungen								
f) Steuern, Prämien, Abgaben	....								
g) Übrige Ausgaben									
– Rückvergütung an Kunden in bar	Infolge Reklamationen								
– Sonstiges	Privatentnahmen, Dividenden								
Total Ausgaben (2)									
Anfangsbestand flüssige Mittel	Bargeld, Postcheck, Banken								
+ / – Über-/Unterdeckung (1./2.)	Saldo des entsprechenden Monats								
= Endbestand flüssige Mittel	Flüssige Mittel, die zur Verfügung stehen								
– erforderliche flüssige Mittel	Erforderlicher (gewünschter) Mindestkassabestand als Basis für den Folgemonat								
= verfügbare (+) flüssige Mittel	Verfügbares Geld anders arbeiten lassen								
zu beschaffende flüssige Mittel	Wo und wie Finanzlücke schließen?								
Pro memoria: Liquiditätsreserve									
– Nicht beanspruchter Kredit	Bei der Bank, bei Gesellschaften								
– Reserve-Portefeuille	z.B. Wertschriften, belehnbare Papiere								
Total									

Schema kurzfristiger Finanzplan

Positionen	Januar	Februar	März	April	Mai	Juni
1. Bestände an Zahlungsmitteln: – Kassa, Postcheck, Bank						
2. Erwartete Einnahmen: – Barverkauf – Debitoren – Sonstige Geldeingänge, Desinvestitionen, Rückvergütung usw.						
3. Verfügbare Mittel						
4. Erwartete Ausgaben: – Waren- und Materialzahlungen – Löhne, Gehälter – Werbung – Steuern, Kapitalzinsen – Versicherungen – allg. Verwaltungsausgaben – Miete – Sonstige Ausgaben (Strom, Wasser usw.)						
5. Neuinvestitionen (Maschinen, Fahrzeuge usw.)						
6. Kreditrückzahlungen von Dritten						
7. Privatentnahmen						
8. Sicherheitszuschlag (z.B. 2%)						
9. Ausgaben total						
10. Überschuß (+) Unterdeckung (–)						
11. Deckung durch: – Liquiditätsreserve – Bank –						

4.2 Planung der Geldströme

Eine zuverlässige Liquiditätsplanung setzt eine möglichst genaue Planung der Einnahmen und Ausgaben voraus. Da diese Vorgänge jedoch in der Zukunft liegen, sind sie mit einer gewissen *Unsicherheit* behaftet. Während die Ausgaben infolge ihres oftmals verbindlichen Charakters einfacher zu planen sind, ist der Zeitpunkt der Einnahmen eher zufallsbedingt und kann eine genaue Liquiditätsplanung erschweren. Die Verwendung der durchschnittlichen Debitorenfrist als Planungsgrundlage ist wohl einfach, kann aber irreführend sein. Welche besseren Methoden stehen in der Praxis zur Verfügung?

4.2.1 Einnahmenplanung

Die Einnahmen ergeben sich aus den Beziehungen zwischen der Unternehmung und dem Absatzmarkt, dem Geld- und Kreditmarkt (z.B. Aufnahme eines Kredites) und gelegentlich auch dem Beschaffungsmarkt (z.B. Rückvergütungen von Lieferanten). Je nach Art des Betriebes stehen für die Einnahmenplanung

- die Stichprobe und
- die Einzelerfassung

als Methoden (allenfalls kombiniert) zur Verfügung.

Im *Massengeschäft* mit einer Großzahl kleiner Aufträge oder Verkäufe ist eine *Stichprobenerhebung* sinnvoll, die die zeitliche Verteilung der Zahlungseingänge erfaßt. Beispiel:

Obwohl die normalen Konditionen eines Betriebes beispielsweise «30 Tage 2%, 60 Tage netto» sind, zeigt eine Stichprobe folgende Verteilung der Zahlungseingänge:

15% der Rechnungen werden im selben Monat bezahlt
25% der Rechnungen werden im 1. folgenden Monat bezahlt
40% der Rechnungen werden im 2. folgenden Monat bezahlt
10% der Rechnungen werden im 3. folgenden Monat bezahlt
 5% der Rechnungen werden im 4. folgenden Monat bezahlt
 3% der Rechnungen werden im 5. folgenden Monat bezahlt
 2% der Rechnungen werden später oder nie bezahlt.

Erfahrungsgemäß bleiben solche Häufigkeitsverteilungen auch bei Saisonschwankungen längere Zeit recht stabil. Sind die *Umsatzerwartungen* für die Monate Mai bis Oktober beispielsweise

im Monat Mai   Fr. 90 000.–
im Monat Juni   Fr. 80 000.–
im Monat Juli   Fr. 20 000.–
im Monat August   Fr. 42 000.–
im Monat September Fr. 50 000.–
im Monat Oktober   Fr. 70 000.–

so läßt sich die *folgende Einnahmentabelle* aufstellen:

Aus dem Forderungszugang im Monat		werden Einnahmen im					
		Mai	Juni	Juli	August	Sept.	Oktober
Mai	90 000	13 500	22 500	36 000	9 000	4 500	2 700
Juni	80 000		12 000	20 000	32 000	8 000	4 000
Juli	20 000			3 000	5 000	8 000	2 000
August	42 000				6 300	10 500	16 800
September	50 000					7 500	12 500
Oktober	70 000						10 500
Summe	352 000	13 500	34 500	59 000	52 300	38 500	48 500

Zu beachten ist, daß aus früheren Monaten in der zu planenden Periode ebenfalls noch Einnahmen erfolgen. Die Tabelle wäre also noch zu erweitern. Allfällige Skonti und Debitorenverluste müßten ebenfalls berücksichtigt werden.

In der *Auftragsfertigung* (Maschinenbau und im produzierenden Gewerbe) mit relativ wenigen, aber größeren Aufträgen empfiehlt sich die *Einzelerfassung*, die bei der Einnahmenplanung von den konkreten vertraglichen Verhältnissen (Auftragserteilung, Akonto, Auslieferung, Restzahlung usw.) ausgeht. Beispiel:

Auftrag/Zeit	Januar	Februar	März	April	Mai usw.
Auftrag A	10 000	10 000	10 000		
Auftrag B		5 000	5 000		5 000
Auftrag C	15 000			5 000	
Auftrag D		3 000		8 000	1 000
Einnahmen	25 000	18 000	15 000	13 000	6 000

Im Detailhandel (Barverkauf) und im mittelfristigen Finanzplan (sofern keine Debitorenverluste auftreten) wird der Zeitpunkt des Einnahmenstromes aus Umsätzen vernachlässigt; hier gilt: Umsatz = Einnahmen.

4.2.2 Ausgabenplanung

Ausgaben entstehen aus den Beziehungen zwischen der Unternehmung und dem Beschaffungsmarkt (Zahlung von Personalkosten, Kauf von Rohstoffen, Anlagen, Maschinen, Hilfsgütern usw.) sowie dem Absatzmarkt (Rückvergütungen an Käufer).

Ausgangsbasis für die erwarteten Ausgaben sind der *Absatz- oder Produktionsplan* und die verschiedenen *Gemeinkostenbudgets* (Verwaltung, Vertrieb). Daraus lassen sich die Personalausgaben, die Wareneinkäufe und die Ausgaben für die übrigen Gemeinkosten (Mieten, Versicherungen, Zinsen, Steuern u.v.m.) ableiten. Aus unternehmungspolitischen Überlegungen ergeben sich zudem die *Investitionspläne*, die für die Ausgabenplanung ebenfalls von Bedeutung sind. Zu berücksichtigen sind jeweils auch die eigenen Zahlungsgewohnheiten, da das Eingehen einer Schuld noch keine Auszahlung bedeutet, sofern Kredit gewährt wird. Möglichen Überraschungen bei den Ausgaben durch *unvorhergesehene Ereignisse* ist durch angemessene Reserven zu begegnen.

Die aus dem Verkehr mit dem Geld- und Kapitalmarkt resultierenden Schuldenrückzahlungen (Schuldentilgung) sind ebenfalls zu berücksichtigen.

4.3 Liquiditätspolitik

4.3.1 Vorbemerkungen

Gelegentliche Liquiditätsengpässe kommen in den meisten Betrieben vor: Sie sind Ausdruck des Manövrierens mit knappen Mitteln. Infolgedessen ist auch das liquiditätspolitische Instrumentarium recht groß. Der Einsatz der verschiedenen Maßnahmen ist jedoch nur dann gerechtfertigt, wenn es sich um *vorübergehende, temporäre oder saisonale Engpässe* handelt.

Strukturelle, *permanente Liquiditätsengpässe* sind demgegenüber die Folge von
– dauernden Verlusten (Cash-drain)
– oder einer Unterfinanzierung.

In diesen Fällen ist der Einsatz liquiditätspolitischer Maßnahmen nicht am Platz; einzig durch einschneidende *Restrukturierungen, Sanierungen* oder rechtzeitige freiwillige *Liquidationen* können solche Situationen bereinigt werden, ohne daß Dritte zu Schaden kommen. Für weitere Details sei auf M. Boemle, Teile VII und IX, verwiesen.

Für die Bekämpfung von Liquiditätsengpässen ist es also wichtig zu wissen, ob es sich um ein einmaliges, vorübergehendes Ereignis handelt oder um ein Strukturproblem der Unternehmung. Der Überlebenskampf des Betriebes läßt sich nur so lange rechtfertigen, als er sich nicht auf Kosten Dritter abspielt. Im Fall des einmaligen oder gelegentlich auftretenden Engpasses – der uns hier speziell beschäftigt – handelt es sich darum, durch *liquiditätswirksame Maßnahmen* die Einnahmen- und Ausgabenströme der Unternehmung zu den kritischen Zeitpunkten zur Deckung zu bringen.

4.3.2 Ursachen von Liquiditätsengpässen

Als Ursachen der Liquiditätsverknappung kommen betriebliche wie auch in der allgemeinen Wirtschaftssituation liegende Faktoren in Frage. Die nachstehende Übersicht zeigt die *wichtigsten Tatbestände*, denen sich eine mit Liquiditätsschwierigkeiten kämpfende Unternehmung gegenübersieht:
– Schnelles Wachstum bindet größere Lager- und Debitorenbestände
– Stagnierender Umsatz bei teilweise knapperen Margen verschlechtert die Ertragslage und gefährdet damit die Selbstfinanzierung oder zehrt sogar an der Substanz
– Die Debitoren-Zahlungsfristen verschlechtern sich resp. eingetretene Debitorenverluste beeinträchtigen Liquidität und Ertragslage
– Die Lieferanten fakturieren kurzfristiger, verlangen Anzahlungen und verschärfen ihr Mahnwesen
– Nachholbedarf bei Investitionen
– Überhöhte Lager und nicht voll ausgelastete Betriebsanlagen binden beträchtliche Mittel
– Die Banken legen strengere Maßstäbe bei der Krediterteilung an oder verlangen zusätzliche Sicherheiten infolge der verschlechterten Ertragslage; sie sind vielleicht bereit, ihre Kontokorrentkredite auf Zeit zu erhöhen,

was jedoch die Liquiditätslage beim vereinbarten Rückzahlungstermin zusätzlich belasten kann
- Großer Innovationstrend; Einführung zu vieler neuer Produkte mit großer Vorfinanzierung.

Vor allem in gewerblichen *Klein- und Mittelbetrieben* können die folgenden Faktoren einen erheblichen Liquiditätsengpaß zur Folge haben:
- Übernahme zu großer Aufträge (insbesondere Baubranche), die nicht ausreichend vorfinanziert werden können
- Zu große Privat- oder Gewinnentnahmen; dem Betrieb werden keine Reserven belassen
- Geschäftsübernahme zu Verkehrswerten
- Erbschaftsteilung: Die Ansprüche der nicht im Betrieb arbeitenden Erben werden aus betrieblichen Mitteln (oder durch aufgenommene Bankkredite) abgegolten. Dadurch kann die wirtschaftliche Existenz der Unternehmung bedroht werden (vgl. auch Abschnitt 6.4.5).

Diese kurze Aufzählung enthält nur die am häufigsten anzutreffenden Gründe. Für die erfolgreiche Überwindung von Liquiditätsengpässen ist es aber von größter Wichtigkeit, die konkreten Ursachen der Schwierigkeiten zu kennen.

4.3.3 Maßnahmen zur Liquiditätsverbesserung

Da die Auswirkungen von Maßnahmen zur Liquiditätsverbesserung nicht immer exakt abgeschätzt werden können, ist es von Vorteil, ein ganzes *Maßnahmenpaket* rechtzeitig auszulösen. Hierzu gehören vor allem:
- Verwendung der *Liquiditätsreserve* (z. B. nicht beanspruchter Bankkredit, Wertschriften usw.)
- Maßnahmen zur *Steigerung resp. Beschleunigung der Einnahmen*, wie z. B.
  * Senkung des Bestandes an angefangenen Arbeiten und Debitoren durch schnelleren Abschluß und Abrechnung der Arbeiten
  * Tägliche oder wöchentliche Fakturierung, straffe Debitorenüberwachung und Mahnung, geeignete Skontierung
  * Forcierter Lagerabbau
  * Factoring: Verkauf von eigenen Forderungen an Dritte (vgl. Abschnitt 5.5.4)
  * Vorauszahlungen vertraglich vereinbaren
  * Kreditaufnahme (Kontokorrentkredit, Darlehen usw.)
  * Eigenfinanzierung, Einschüsse
- Maßnahmen zur *Senkung resp. Verzögerung der Ausgaben*, wie z. B.
  * Zurückstellung nicht unbedingt erforderlicher Investitionen
  * Verschiebung von Reparaturen/Revisionen
  * Leasing statt Kauf
  * Bestellmengen drosseln/Einkaufsstopp
  * Hinausschieben des Zahlungszeitpunktes von Kreditoren
  * Kosteneinsparungen (vernünftiges Sparprogramm erstellen)

- Verzicht auf Gewinnausschüttungen und Privatbezüge
- Vorsorgliche *organisatorische Maßnahmen*, wie
  - Zentrale Kassenhaltung und Kontenführung
  - Systematische Risikoanalyse möglicher Verlustquellen (Kunden, Produkte, Haftbarkeiten, Katastrophenereignisse usw.)
  - Anpassung der Eigenkapitalbasis an das gestiegene Geschäftsvolumen
  - Überprüfung und Anpassung der Rechtsform (vgl. auch Abschnitt 5.4 und 6.4)
  - Abschluß von Ehe- und Erbverträgen
  - Rechtzeitiger Einbezug der Hausbank (siehe Abschnitt 6.3).

Es gilt, alle Möglichkeiten gegeneinander abzuwägen und die optimale Lösung zu finden, die einen Ausgleich zwischen Ausgaben und Einnahmen ermöglicht. Hierzu gehören grundsätzlich *sämtliche Finanzierungsarten*, die im Kapitel 5 aufgeführt sind.

Die erwähnten Maßnahmen zur Liquiditätsverbesserung zeigen sehr klar den *Unterschied zwischen der ertrags- und der finanzwirtschaftlichen Betrachtungsweise*. Teure Kredite, Miete statt Kauf, Verzicht auf Skonti, Lagerliquidationen usw. erhöhen wohl die Kassenliquidität, beeinträchtigen aber stark die Rendite. Das betriebliche Aktionsprogramm muß demnach ausgewogen aufgestellt und subtil auf seine Ertragswirkung hin untersucht werden. Wie stark diese Folgen der liquiditätsverbessernden Maßnahmen sind, hängt wesentlich vom Ausmaß des Engpasses und vom zeitlichen Handlungsspielraum ab.

4.3.4 Maßnahmen bei Überliquidität

Überliquidität stellt natürlich auch kein betriebliches Optimum dar, da die brachliegenden Mittel auf die Rentabilität drücken. In diesem Fall ist zu prüfen, ob die Überliquidität kurz- oder langfristigen Charakter hat.

Bei einer vorübergehenden Überliquidität stehen folgende Maßnahmen zur Verfügung:
- Wahrnehmung sämtlicher Skontoabzüge
- Sonder-Skontovereinbarungen mit Lieferanten
- Tilgung der Bankschulden
- Absatzfinanzierung (großzügige Zahlungsfristen)
- Kurzfristige Kapitalanlagen usw.

Ist die Überliquidität permanent, so kommen zusätzlich folgende Maßnahmen in Frage:
- Rückzahlung von Hypotheken und anderen langfristigen Schulden
- Durchführung von Investitionen
- Betriebserweiterung, neue Markterschließungen, Filialgründungen, Diversifikationen
- Aufbau von langfristigen Finanzanlagen, Kauf von Renditeobjekten usw.

54

4.3.5 Sonderproblem Debitoren-Bewirtschaftung

Auf die Wichtigkeit einer kontinuierlichen Zahlungsweise der Debitoren im Rahmen der Liquiditätsplanung und -disposition wurde bereits hingewiesen. Dieser Punkt hat bei der gegenwärtig tendenziell eher abnehmenden Zahlungsmoral noch erhöhte Bedeutung. Auskunfts- und Inkassobüros weisen darauf hin, daß ein Drittel der Fälle von Zahlungsunfähigkeit durch Debitorenverluste verursacht wird. Gerade bei Klein- und Mittelbetrieben ist eine gewisse *Hilflosigkeit* im Umgang mit säumigen Schuldnern festzustellen. Nachfolgend sollen einige Möglichkeiten einer besseren Debitoren-Bewirtschaftung aus der Sicht der Praxis aufgezeigt werden.

Eine gesunde Vorsicht ist bereits angezeigt, *bevor* neue Kundenkredite gewährt werden, insbesondere wenn diese einen größeren Umfang annehmen. Hier liegt ein klassischer Konfliktherd zwischen der Verkaufsabteilung und der Buchhaltung vor. Wenn größere Verluste vermieden werden sollen, gehören das *Einholen von Informationen*, die laufende Kreditkontrolle, die Vereinbarung von Anzahlungen oder Akontozahlungen ebenso zu den Standardaufgaben wie die speditive Fakturierung und ein gut funktionierendes Mahnwesen.

Sind Forderungen bereits verfallen, so kommt eine extravertierte Persönlichkeit des Debitorenbuchhalters besonders zum Tragen: Er darf den Schuldner – bildlich gesprochen – nicht von der Leine lassen, bis dieser seinen Verpflichtungen nachgekommen ist.

Nachstehend einige *Möglichkeiten, offene Positionen einzutreiben* resp. damit verbundene Verluste möglichst minimal zu halten:
- Wöchentlicher oder täglicher telefonischer resp. persönlicher Kontakt
- Rücknahme bereits gelieferter Waren
- Vereinbarung von Gegengeschäften mit Verrechnung
- Entgegennahme von WIR-Geldern, sofern diese wieder abgesetzt werden können
- Entgegennahme von Wechseln
- Als zusätzliche Sicherheiten weitere Schuldbriefe auf Liegenschaften veranlassen
- Vereinbarung von zukünftigen Lieferungen bei Barzahlung mit erhöhten Preisen
- Direktzahlung des Endverbrauchers veranlassen
- Bauhandwerker-Pfandrecht eintragen lassen
- Arbeiten einstellen
- Retentionsrecht geltend machen (Art. 83 OR)
- Arrestlegung auf Vermögenswerte
- Mitwirkung bei der Ausarbeitung eines Zahlungsplanes
- Zedieren der Forderung an ein Bankinstitut
- Vermitteln von Bankkrediten
- Liefersperre mit Information der Konkurrenz usw.

4.3.6 Liquiditätspolitik als Daueraufgabe

Daß die Aufrechterhaltung der Zahlungsfähigkeit eine Daueraufgabe der Unternehmung ist, geht schon daraus hervor, daß etwa 80% der Konkurse eine Folge der Illiquidität und nur zu 20% eine Folge von Verlusten sind.

Optimale Liquidität
Die Unternehmung wird im allgemeinen einen Teil ihres Vermögens in Form flüssiger Mittel halten, um sich gegen die aus mangelnder Zahlungsbereitschaft resultierenden Gefahren abzusichern. Diese Vermögensteile sind dann natürlich nicht am Produktionsprozeß beteiligt, tragen nichts oder nur in geringem Maße zur Rentabilität bei und bewirken meistens eine Gewinnschmälerung. Man ist deshalb bestrebt, eine *Überliquidität* zu vermeiden. Auf der anderen Seite bedeutet auch eine zu geringe Zahlungsfähigkeit eine Schmälerung des Gewinnes. Das gilt für eine vorübergehende *Illiquidität*, die sich in Zahlungsstockungen äußert, wie für die *Unterliquidität*, bei der die Zahlungen noch geleistet werden können, die nötigen Mittel aber fehlen, um sich ergebende Chancen auszunutzen, wie beispielsweise die Skontoabzüge bei sofortiger Bezahlung einer Rechnung.
   Die *optimale Liquidität* liegt also *zwischen Über- und Unterliquidität*. Da ihre Lage ständig wechselt, dürfte eine dauernde Realisierung der optimalen Liquidität praktisch unmöglich sein. Um darüber genauere Angaben machen zu können, bedarf es der Kenntnis weiterer Daten, wie sie erst die Analyse des Einzelfalles zu liefern vermag. Je nach Unternehmung kann beispielsweise das Gewicht mehr auf der *Sicherheit* oder auf der *gewinnbringenden Anlage* der allfälligen Überschüsse liegen.

Laufende Kontrolle
Vorschau und Planung der Liquidität sind nur dann sinnvoll, wenn sie laufend überprüft werden. Eine regelmäßige Kontrolle (SOLL-IST-Vergleich) offenbart Schwachstellen und Ungenauigkeiten der Planung und ermöglicht eine rasche Korrektur von Planungsfehlern. Zu diesem Zwecke sind den Planungsgrößen (SOLL-Werte) die effektiv erreichten Monatszahlen (IST-Werte) gegenüberzustellen. Allfällige Abweichungen werden mittels vorhandener Reserven aufgefangen.

4.4 Cash-Management in Firmengruppen

Auch Mittelbetriebe können in nationalen oder multinationalen Firmengruppen resp. Konzernen organisiert sein. Ist dies der Fall, eröffnen sich ihnen die Möglichkeiten des Cash-Managements im eigentlichen Sinn. Die nachfolgenden Ausführungen lehnen sich unter anderem an die Darlegungen von F. X. Frotzler, M. Lüthy, J. Richtsfeld usw.

4.4.1 Ziele und Aufgaben des Cash-Managements

Firmengruppen haben zusätzlich zu den in den letzten Abschnitten erwähnten Maßnahmen der Liquiditätspolitik im Rahmen des Cash-Managements noch weitere Handlungsmöglichkeiten. Diese haben vor allem nachfolgende *Zielsetzungen*:

• Sicherstellung der Liquidität
• Maximierung der Rendite von kurzfristigen Geldanlagen
• Risikominimierung (Zins-, Währungs- und Länderrisiken)
• Minimierung der Kosten des Zahlungsverkehrs der Gruppe (Bankspesen, Valuta-Differenzen, Währungsumrechnungskosten)
• Verbesserung des Standings der Firmengruppe
• Minimierung der Finanzierungskosten (weltweit).

Dabei kommen dem Cash-Management vor allem folgende *Aufgaben* zu:

• Planung, Koordination und Steuerung sämtlicher Zahlungseingänge/ -ausgänge
• Überwachung der täglichen Liquiditätsposition der Firmengruppe und
• Anlage kurzfristiger Liquiditätsüberschüsse
• Kreditbeschaffung im Falle kurzfristiger Liquiditätsengpässe
• Minimierung des gruppeninternen Transaktionsvolumens
• Abstimmung der genutzten Kreditmöglichkeiten (weltweit)
• Durchsetzung eines einheitlichen Konditionskonzepts bei den Banken
• Entwicklung, Implementation und Überwachung von EDV-Systemen zur
  – Informationsbeschaffung und -verarbeitung
  – Verwaltung und Kontrolle von Transaktionsprozessen
  – Entscheidungsunterstützung
• Überwachung der Fremdwährungspositionen
• Abwicklung von Devisenoperationen
• Währungsausgleich in der Firmengruppe.

4.4.2 Pooling der Liquiditätsbestände

Beim Pooling wird die Steuerung und Verwaltung aller Konzerngelder (liquide Mittel, Bankguthaben resp. -schulden) einer *zentralen Stelle* übertragen. Grundsätzlich handelt es sich dabei um einen Ausgleich von Konti eines Unternehmens, die bei der *gleichen Bank* gehalten werden. Durch Zusammenführen der Konti auf ein Zielkonto können positive und negative Salden der betreffenden Konti ausgeglichen werden. Den einzelnen Gesellschaften wird ein Minimum an notwendigen Transaktionsbeständen belassen, Liquiditätsbestände zu Vorsichtszwecken werden aber in einem zentralen Pool gehalten. Davon verspricht man sich die folgenden *Vorteile:*

• Durch einen *konzerninternen Liquiditätsausgleich* können Liquiditätsüberschüsse anderer Konzerngesellschaften mit einem kurzfristigen Liquiditätsbedarf zugeführt werden.

- Die *Liquiditätsreserven* (Mindestbestände) des Gesamtunternehmens können *gesenkt* werden.
- Das *Liquiditätsmanagement* auf lokaler Ebene wird *vereinfacht.*
- Der zentrale Cash-Manager operiert mit höheren Geldsummen und kann damit bei der Anlage von Überschußliquidität oder bei Überbrückungs-finanzierungen *bessere Konditionen und Renditen* durchsetzen.
- Der Cash-Manager hat die Möglichkeit, durch Verzögerung bzw. Beschleunigung von konzerninternen Zahlungen einen *zusätzlichen Finanzierungsspielraum zu schaffen.*
- Die konzerninternen *Währungsrisiken* können *zentral überwacht* und gesteuert werden.

Das Pooling setzt allerdings voraus, daß der Cash-Manager jederzeit vollumfänglich über die aktuelle Liquiditätssituation jeder einzelnen Gesellschaft im Bild ist und die länderspezifischen Geld- und Kapitalmarktsituationen kennt.

Die Abwicklung des Poolings stellt *hohe Anforderungen* an den *Informationsfluß* zwischen den dezentralen Einheiten und dem zentralen Cash-Management und erfordert eine entsprechende Buchführung. Es wird zwischen folgenden Pooling-Methoden unterschieden:

Fiktives Pooling
Soll- und Habensaldi der Konzerngesellschaften werden miteinander verrechnet und der Überschuß oder Bedarf wird auf einem Schattenkonto verwaltet.

Physisches Pooling
Soll- und Habensaldi der Gruppen-Gesellschaften werden täglich auf Null gestellt und der entsprechende Betrag wird einem zentralen Pool-Konto gutgeschrieben oder belastet.

Unterhält man ein Pooling-System bei einer Bank, so fallen auf den angeschlossenen Konti weder Soll- noch Habenzinsen an. Es wird nur der gesamte Pool-Überschuß oder -Bedarf zu den marktüblichen Konditionen verzinst.

Durch Pooling anfallende Erträge und Aufwendungen
Erträge:
- Keine oder weniger Schuldzinsen
- Pool-Überschuß/-Bedarf kann am Geldmarkt angelegt bzw. finanziert werden
- Verbesserte Bankenkonditionen
- Exakte Valutadisponierung der im Umlauf befindlichen Gelder.

Aufwendungen:
- Wegfallende Zinsgutschriften
- Pooling-Gebühren der Banken
- Kosten für Finanzinformationsservice resp. Treasury-System.

4.4.3 Netting

In internationalen Firmengruppen können *konzerninterne Zahlungen* zwischen den verschiedenen Konzerngesellschaften *erhebliche Volumen* erreichen. Mit dem Netting werden die Guthaben und Schulden zwischen den verschiedenen Konzerngesellschaften verrechnet und nur noch die *Nettoschulden* überwiesen.

Es werden zwei verschiedene Formen des Nettings unterschieden:
- *Bilaterales Netting:* Die Guthaben und Forderungen von jeweils zwei Gesellschaften werden paarweise gegenseitig verrechnet.
- *Multilaterales Netting:* Die Forderungen und Schulden beliebig vieler Konzerngesellschaften werden durch eine *zentrale Clearing-Stelle* verrechnet. Nach der Verrechnung ist jede Unternehmung gegenüber der Clearing-Stelle Netto-Schuldner oder Netto-Gläubiger.

Die Reduktion des grenzüberschreitenden Transaktionsvolumens führt zu verschiedenen *Einsparungen:*
- Einsparung von Kommissionen und Bankspesen
- Zinsersparnisse auf dem eliminierten Transfervolumen
- Zinseinsparungen durch Wegfall der Valutadifferenzen auf dem transferierten Zahlungsvolumen.

Mit einem multilateralen Netting können erfahrungsgemäß Kosteneinsparungen von ca. $1/8$ bis $1/4\%$ des eliminierten Transfervolumens realisiert werden.

Weitere *Vorteile* des Nettings:
- Bessere Transparenz und Zahlungsdisziplin
- Geringerer Abwicklungs- und Überwachungsaufwand
- Bessere Möglichkeiten, mit Liquiditätsverschiebungen zwischen Konzerngesellschaften durch gezielte Beschleunigung oder Verzögerung von konzerninternen Zahlungen den finanziellen Spielraum auszuweiten
- Besseres Management der konzerninternen Währungsrisiken.

Probleme des Nettings:
- Die Einführung eines Netting-Systems lohnt sich erst bei einem relativ hohen Volumen direkt verrechenbarer Forderungen, um die Implementierungs-, Administrations- und Überwachungskosten decken zu können.
- Das Netting stellt einen Eingriff in die Autonomie der Tochtergesellschaften dar.
- In einzelnen Ländern behindern devisen- und steuerrechtliche Aspekte ein effizientes Netting (Stand 1995):

Keinerlei Beschränkungen	Genehmigung der Zentralbank	Netting möglich mit Restriktionen
Dänemark	Belgien	Italien
Deutschland	Irland	Frankreich
Niederlande	Norwegen	Spanien
Schweiz	Finnland	Japan
U.K.		Österreich
USA		

Beispiel eines multilateralen Nettings:

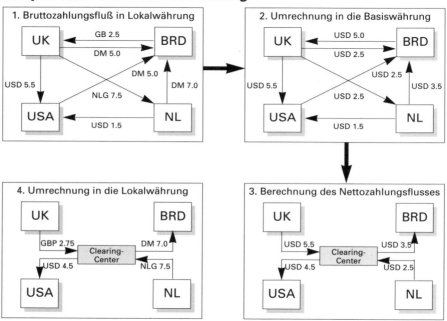

Devisenkurse: 1 USD = 0.5 GBP
1 USD = 2.0 DM
1 USD = 3.0 NLG

4.4.4 Konzerninternes Factoring

Das Factoring basiert auf einer Trennung von Waren- und Dienstleistungs-strömen einerseits und Zahlungsströmen andererseits. Die Zahlungsab-wicklung erfolgt beim Factoring über eine Zwischengesellschaft, die die Forderungen der Lieferanten aufkauft. Klienten sind alle konzerninternen Produzenten. Sie haben anstelle einer Reihe von konzerninternen Debi-toren jetzt nur noch einen Schuldner, die Factoring-Gesellschaft. Diese

Funktion, welche normalerweise von einer Bank oder einer spezialisierten Gesellschaft ausgeübt wird, kann für das Gesamtunternehmen von einer eigenen organisatorischen oder juristischen Einheit übernommen werden, welche folgende Dienstleistungen anbietet:

- Vertraglich geregelter, laufender Ankauf kurzfristiger Forderungen zwischen Konzerngesellschaften (evtl. auch externer)
- Übernahme der Finanzierungsfunktion durch Bevorschussung (Diskontierung) der offenen Buchforderungen
- Übernahme zusätzlicher Dienstleistungen wie Debitorenbuchhaltung, Mahnwesen, Inkasso usw.
- Übernahme des Delkredererisikos (nur wenn externe Lieferanten in das Factoring-Konzept einbezogen werden).

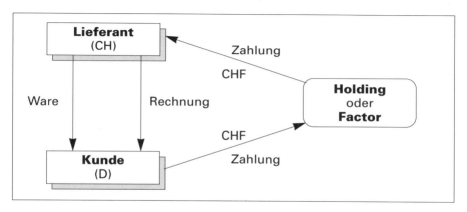

Vorteile:
- Größere Flexibilität bei der Finanzierung der Konzerngesellschaften
- Bessere Transparenz der konzerninternen Währungsrisiken
- Größere Transparenz der Liquiditätssituation.

Nachteile:
- Keine Reduktion des konzerninternen Zahlungsverkehrs
- Kein zentrales Währungsmanagement (nur Beratung)
- Administrativer Aufwand der Factoring-Gesellschaft.

4.4.5 Konzerninternes Re-Invoicing

Im Rahmen eines konzerninternen Re-Invoicing schickt der Lieferant die Rechnung nicht mehr seinem Abnehmer, sondern dem *Re-Invoicing Center*, das seinen Sitz oft in Niedrigsteuerländern hat. Dieses bezahlt die Rechnung in der Währung des Lieferanten und stellt dem Abnehmer eine neue Rechnung in dessen Landeswährung zu. Damit übernimmt das Re-Invoicing Center das Währungsrisiko gegenüber den beiden Parteien. Aus diesem Grund setzen Re-Invoicing Centers moderne Absicherungsinstrumente ein, um die entsprechenden Risiken zu minimieren.

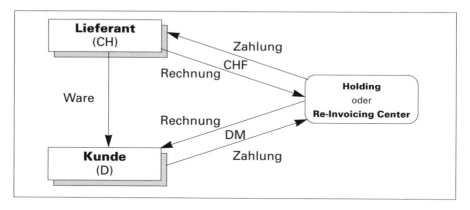

Vorteile:
- Zentralisierung der konzerninternen Währungsrisiken
- Einsparung von Währungskonversionen (Verrechnung)
- Erhöhter Finanzierungsspielraum
- Entlastung der Tochtergesellschaften (weniger Transaktionen, weniger Administrationsaufwand).

Nachteile:
- Keine Reduktion des konzerninternen Zahlungsvolumens
- Zusätzlicher Aufwand der Holdinggesellschaft
- Evtl. steuerrechtliche Probleme (gruppeninterne Gewinnverschiebungen).

4.4.6 Konzerninterner Devisenhandel

Weitere Optimierungsmöglichkeiten fördern oft auch genaue Analysen der Fremdwährungszahlungen zu Tage. Erhält beispielsweise eine Konzerngesellschaft Zahlungen in Fremdwährungen, so werden diese ohne spezielle Maßnahmen zur Begleichung von Verpflichtungen bei der Muttergesellschaft in Schweizer Franken gewechselt. Benötigt diese für ihre Zahlungen ebenfalls Fremdwährungen, so wechselt sie unter Umständen Schweizer Franken in die gleiche Fremdwährung um, welche die Tochtergesellschaft ursprünglich erhalten hat. (Vgl. Grafik auf Seite 63).

Mit einem zentralen konzerninternen Devisenhandel können
- unnötige Umwechslungen eliminiert und
- größere Beträge zu günstigeren Kursen umgewechselt werden.

Multinationale Konzerne verfügen heute teilweise über bankähnliche Infrastrukturen für den Devisenhandel.

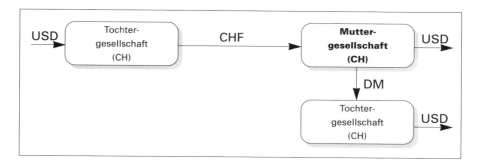

4.4.7 Management von Währungs- und Zinsrisiken

Die Möglichkeiten der weltweiten Finanzmittelaufnahme und Finanzanlage bringt zwar für das Finanzmanagement eine erfreuliche Verbesserung der Kosten- und Ertragssituation im finanzwirtschaftlichen Bereich, diese wird jedoch erkauft durch eine *Erhöhung der Risiken* aus derartigen grenz- und währungsüberschreitenden Transaktionen. Dazu kommen neuerdings die Möglichkeiten des autonomen Geld- und Devisenhandels von multinationalen Unternehmungen, der losgelöst von Finanzierungs- oder Anlageerfordernissen stattfindet und ausschließlich der *Ertragssteigerung des Konzerns* dienen soll. Dadurch werden allerdings auch zusätzliche Risiken geschaffen, die über die Risiken hinausgehen, die bei internationaler Unternehmensfinanzierung allein anfallen.

Auszugehen ist dabei von der Bestimmung der *offenen Positionen*, die sich im Zins- und Währungsbereich ergeben können, wenn bei Finanzierungen/Finanzanlagen variable Zinsen und/oder floatierende Devisenkurse hingenommen werden müssen. Im nächsten Schritt ist darüber zu entscheiden, in welchem Umfang derartige offene Positionen gehalten werden bzw. bewußt eingegangen werden können. Unter Beachtung dieser grundsätzlichen Situation stellt sich für Unternehmungen die Frage, ob sie bestimmte Finanzierungen unter Ausschaltung, das heißt Kompensation, aller Risiken durchführen und entsprechende Sicherungsgeschäfte abschließen sollen, oder ob sie in bestimmtem und abgrenzbarem Umfang Risiken zu tragen bereit sind.

Zum Zweck der *Risikokompensation* stehen dem Finanzmanagement folgende Instrumente zur Verfügung, die entweder unmittelbar mit der *längerfristigen* Finanzierungsmaßnahme verknüpft sein können, oder erst zu späteren Zeitpunkten nachträglich ergriffen werden:

• Zins-Futures
• Währungs-Futures
• Devisen-Optionen
• Zins-Optionen.

Beispiel für Kurs-Absicherung mittels Devisenoptionen

Ein Schweizer Importeur kauft Ende Februar 1996 Maschinen im Wert von $ 2 000 000 in den USA. Der Kaufpreis ist fällig Ende Juni 1996. Da allgemein ein steigender $-Kurs erwartet wird, möchte er sich gegen einen Kursverlust absichern. Der Importeur rechnet mit einem $-Kurs von 1.18.

$/Fr. Kassamittelkurs (20.2.96): 1.1805						$ 100 000; Rp./$	
Strike-price	**Calls** Mar 96	Jun 96	Sep 96	Strike-price	**Puts** Mar 96	Jun 96	Sep 96
1.175	1.55	2.80	3.55	1.175	1.30	3.55	5.10
1.20	0.60	1.85	2.60	1.20	2.85	5.05	6.65
1.225	0.16	1.15	1.85	1.225	4.95	6.85	8.40

Vorgehen:
- Kauf Call-Optionen für $ 2 000 000, Strikeprice 1.175, Juni 96:
  20 * (100 000.– * 2.8 Rp.) = Fr. 56 000.–

Der $-Kurs steigt bis Ende Juni 96 auf 1.25.

- Der Käufer der Call-Option hat nun das Recht, Ende Juni 96 $ 2 000 000 zum vereinbarten Preis von 1.175 zu kaufen.

Fr.   2 350 000.–
+   56 000.–
         2 406 000.–

= Verlust um Fr. 94 000.– reduziert gegenüber dem Komptantgeschäft (Fr. 2 500 000.–).

Bei autonomer Handelstätigkeit von multinationalen Unternehmungen auf internationalen Geld- und Devisenmärkten eignet sich in erster Linie die *Risikolimitierung* als risikopolitische Maßnahme, die sowohl eine Beschränkung des Handels auf bestimmte Währungen und bestimmte Handelspartner, als auch auf eine Begrenzung der (zulässigen) offenen Position zum Gegenstand haben. Die offene Position kann in Anlehnung an die Obergrenzen bei Banken, die von der Bankaufsicht toleriert werden, als Orientierungsgröße festgelegt werden. Diese stellt einen Bezug zum haftenden Eigenkapital als Risikoträger her, wobei die übrigen eigenkapitalbelastenden Sachverhalte unternehmensindividuell zu berücksichtigen sind.

Eine wichtige Frage besteht darin, inwieweit das *Management der Währungs- und Zinsrisiken zentral oder dezentral* erfolgen soll. Für ein zentrales Management sprechen die bessere Übersicht und die effektiven Absicherungsmöglichkeiten. Unkoordinierte Absicherungsmaßnahmen können eine ursprünglich ausgeglichene Position in eine Risikoposition verwandeln. Anderseits sind die Zahlungsmodalitäten unter Umständen ein wichtiger Teil der Konditionenpolitik der Tochtergesellschaften.

5. Finanzierungsmöglichkeiten

5.1 Überblick

Sobald im Finanz- oder Liquiditätsplan ein Kapitalbedarf in seiner Höhe und seiner zeitlichen Dimension feststeht, ist zu entscheiden, welche Kapitalien zu seiner Deckung herangezogen werden sollen. Bei der Mittelbeschaffung kommt es einmal darauf an, ob diese Mittel von den Eigentümern resp. Aktionären selbst oder durch Dritte zur Verfügung gestellt werden; ob also *Eigenfinanzierung* oder *Fremdfinanzierung* vorzunehmen ist. Eine feinere Unterteilung, insbesondere innerhalb des Fremdkapitals, gibt die *Fristigkeit* an, also die Dauer, für welche die Kapitalien zur Verfügung stehen. Aus anderer Sicht unterscheidet man zwischen *Innen- und Außenfinanzierung*, je nachdem, ob die Mittel innerhalb der Unternehmung beschafft oder von außen zugeführt werden. Vor allem im Klein- und Mittelbetrieb mit seinen eher beschränkten Möglichkeiten der Kapitalbeschaffung hat die dritte Variante, der *Finanzierungsersatz*, besondere Bedeutung. Dadurch wird ein Finanzierungsproblem ohne Kapitalbeanspruchung gelöst.

Jeder Finanzierungsmöglichkeit (Finanzierungsform) kommen gewisse *Vor- und Nachteile* zu, wie
- Kosten des Kapitals (Zinsen)
- Dauer der Kapitalverfügung (Laufzeit, Kündigung, Tilgung)
- erforderliche Sicherheiten
- Einfluß von Kapitalgebern
- Steuerwirkungen usw.,
die gesondert zu beurteilen sind.

Das nachstehende *Schema* zeigt die grundsätzlichen Finanzierungsformen auf, die in den folgenden Abschnitten einzeln behandelt werden.

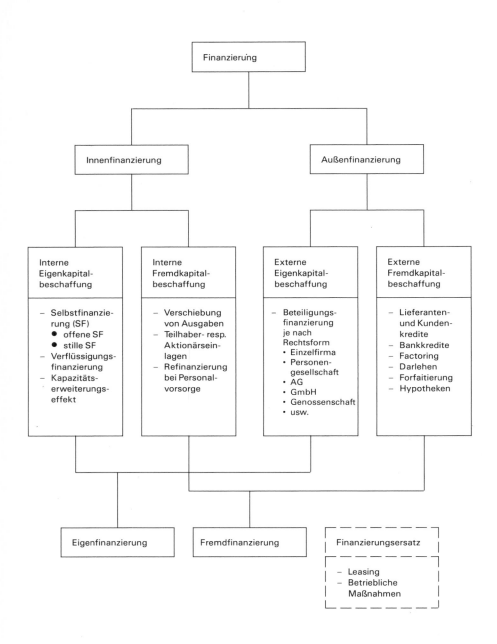

Finanzierung

Innenfinanzierung | Außenfinanzierung

Interne Eigenkapital-beschaffung

- Selbstfinanzierung (SF)
  - offene SF
  - stille SF
- Verflüssigungs-finanzierung
- Kapazitäts-erweiterungs-effekt

Interne Fremdkapital-beschaffung

- Verschiebung von Ausgaben
- Teilhaber- resp. Aktionärsein-lagen
- Refinanzierung bei Personal-vorsorge

Externe Eigenkapital-beschaffung

- Beteiligungs-finanzierung je nach Rechtsform
  - Einzelfirma
  - Personen-gesellschaft
  - AG
  - GmbH
  - Genossenschaft
  - usw.

Externe Fremdkapital-beschaffung

- Lieferanten- und Kunden-kredite
- Bankkredite
- Factoring
- Darlehen
- Forfaitierung
- Hypotheken

Eigenfinanzierung | Fremdfinanzierung | Finanzierungsersatz

- Leasing
- Betriebliche Maßnahmen

5.2 Interne Beschaffung von Eigenkapital

Im Rahmen der Innenfinanzierung ist zuerst abzuklären, ob intern Eigenkapital bereitgestellt werden kann, da dies meist die billigste resp. einfachste Finanzierungsmöglichkeit darstellt. Immerhin sind in wirtschaftlicher Betrachtungsweise auch die kalkulatorischen Kosten dieser Finanzierung zu berücksichtigen.

5.2.1 Selbstfinanzierung

Unter Selbstfinanzierung versteht man die Finanzierung aus Mitteln, die von der Unternehmung erarbeitet, aber nicht als Gewinn ausgeschüttet, sondern *zurückbehalten* werden.

Offene Selbstfinanzierung

Die offene Selbstfinanzierung ist aus der Bilanz sowie der Gewinn- und Verlustrechnung ersichtlich. Voraussetzung ist die *Erzielung eines realisierten Gewinnes*, der nicht durch Aufwertung von Aktiven oder Auflösung von Rückstellungen entsteht. Mögliche Formen:
– Gewinn
– Gewinnvortrag
– *Reserven* (gesetzliche, statutarische, beschlußmäßige; freie und zweckgebundene Reserven)
– Rücklagen.

Stille Selbstfinanzierung

Die Bildung von stillen oder verdeckten Reserven ist in der Handelsbilanz nicht ersichtlich.

Stille Reserven sind die Differenz zwischen den ausgewiesenen Bilanzwerten und den höheren tatsächlichen Werten von Aktiven bzw. den niedrigeren tatsächlichen Werten von Passiven. Stille Reserven entstehen also durch *Unterbewertung von Aktiven und Erträgen* resp. *Überbewertung von Passiven und Aufwendungen*.
Beispiele:
– Unterbewertung von Vermögensteilen (Waren, Debitoren, Anlagen, Wertschriften) unter dem Einstands- resp. Marktwert oder kalkulatorischen Restwert
– Nichtaktivierung von Aktiven (Eigenleistungen, Werkzeuge, Debitoren, angefangene Arbeiten usw.)
– Überbewertung von Passiven (Rückstellungen für Garantiearbeiten, Prozeßforderungen, hängige Risiken)
– Überbewertung von Aufwendungen (insbesondere von Abschreibungen, Delkredere, Risiken usw.)
– Unterbewertung von Erträgen (nicht aktivierte Eigenleistungen).

Der stillen Selbstfinanzierung sind vor allem aus steuerlicher Sicht Grenzen gesetzt.

Zu beachten sind bei allen Formen der Selbstfinanzierung die Art und Höhe der entsprechenden Bestände auf der Aktivseite der Bilanz. Ein Reservekonto in den Passiven darf nicht mit einem Bestand an liquiden Mitteln verwechselt werden (zur Bedeutung der Selbstfinanzierung vgl. auch Abschnitt 6.1).

5.2.2 Verflüssigungsfinanzierung

Finanzierung durch Vermögensverflüssigung bedeutet die Umwandlung von materiellem oder immateriellem Sachvermögen in Geldwerte durch Verkauf, Verwertung oder Bestandesverminderung. In all diesen Fällen ist die Gefahr der Vermögensverschleuderung zu beachten.

Beispiele der Vermögensverflüssigung:
- Verkauf von Wertschriften, Patenten, Rechten usw.
- Verkauf von (nicht mehr benötigten) Anlagen, Fahrzeugen, Maschinen, Immobilien, Grundstücken
- Verminderung der Vorräte an Rohmaterialien, Fertigwaren usw.
- Senkung der Debitorenbestände
- Finanzierung aus Abschreibungsgegenwerten.
  Erläuterung zum letzten Punkt: Der *Betriebsaufwand* setzt sich aus Positionen zusammen, die mit *Auszahlungen* (Löhne, Material usw.) verbunden sind, und solchen, die *nichtbaren Charakter* haben (Abschreibungen). Die in den Verkaufspreisen berücksichtigten Abschreibungen stellen für die Unternehmung einen Zufluß an flüssigen Mitteln dar, aus welchem nach Ablauf der Nutzungsdauer der abzuschreibenden Anlagen die Ersatzbeschaffung zu gewährleisten ist. Bis zu diesem Zeitpunkt stellen die Abschreibungsgegenwerte eine Finanzierungsmöglichkeit dar. Voraussetzung ist allerdings ein *kostendeckender Verkaufspreis;* Abschreibung allein bringt noch keine liquiden Mittel.

5.2.3 Kapazitätserweiterungseffekt

Einen Spezialfall der Finanzierung aus Abschreibungsgegenwerten stellt der Kapazitätserweiterungseffekt (Lohmann-Ruchti-Effekt) dar. Hierbei werden die sich ansammelnden flüssigen Mittel laufend reinvestiert.

Beispiel:
10 Maschinen von je Fr. 10 000.– Wert und einer Nutzungsdauer von je 5 Jahren werden linear abgeschrieben (Abschreibungssatz 20%): Der Abschreibungsgegenwert wird laufend reinvestiert. Es ergibt sich folgende Erweiterung der Kapazität (Spalte 2) bei gleichbleibendem Kapitaleinsatz (Spalten 3 + 6):

Jahre (1)	Anzahl der Maschinen (2)	Gesamtwert der Anlagen (3)	Summe der Abschreibungen (4)	Reinvestition (5)	Abschreibungsrest (6)
1	10	100 000	20 000	20 000	—
2	12	100 000	24 000	20 000	4 000
3	14	96 000	28 000	30 000	2 000
4	17	98 000	34 000	30 000	6 000
5	20	94 000	40 000	40 000	6 000
6	14	94 000	28 000	30 000	4 000
7	15	96 000	30 000	30 000	4 000
8	16	96 000	32 000	30 000	6 000
9	16	94 000	32 000	30 000	8 000

Der Maschinenpark wächst also durch die Reinvestition bis zum 5. Jahr um das Doppelte. Im 6. Jahr fallen die 10 alten Maschinen aus, und es kommen 4 neue hinzu, so daß der Bestand 14 Maschinen beträgt. Der Maschinenpark steigt aber wieder bis zum 8. Jahr auf 16 Maschinen, die er dann konstant beibehält.

Der *Ausweitungskoeffizient* hängt dabei vom linearen Abschreibungssatz ab, und zwar wie folgt:

Abschreibungssatz in %	100	50	33^1/$_3$	25	20	12^1/$_2$	10	5	2^1/$_2$
Ausweitungskoeffizient	1	1,33	1,50	1,60	1,66	1,77	1,81	1,90	1,95

Dieser *Kapazitätserweiterungseffekt* gilt nur:
– bei neuen Unternehmungen oder stoßweisen Erweiterungen, aber nicht bei laufenden Reinvestitionen wie nach dem 6. Jahr
– wenn Maschinen- und Absatzpreise in konstantem Verhältnis liegen (ausgeglichene Teuerung)
– wenn der Betrieb Gewinn erzielt resp. die Abschreibungen verdient werden
– wenn die Kapazitätserweiterung absatzpolitisch sinnvoll ist
– wenn die geschätzte Nutzungsdauer gleich der tatsächlichen ist
– wenn der zusätzliche Kapitalbedarf des Umlaufvermögens gedeckt werden kann.

5.3 Interne Beschaffung von Fremdkapital

Obwohl diese Finanzierungsmöglichkeit in der Literatur nicht einheitlich umschrieben wird, sei sie der Vollständigkeit halber erwähnt.
  Unternehmungsintern läßt sich demnach Fremdkapital auf folgende Weise beschaffen:
– Verschiebung von *Ausgaben* wie Dividenden und Abfindungen resp. zeitliches Hinausschieben von *Steuerzahlungen* mittels der vom Fiskus ge-

statteten Umbuchungen (Bildung unversteuerbarer stiller Reserven resp. vorübergehender Rückstellungen)
- Umwandlung einer Auszahlungsverpflichtung in eine *Rentenschuld* (z. B. bei Nachfolgeregelungen oder Abfindungen)
- *Einlagen* von Teilhabern oder von Aktionären in verzinsten Kontokorrentkonten (keine klare wirtschaftliche Trennung vom Eigenkapital möglich)
- Refinanzierung der Unternehmung bei der *betriebseigenen Personalvorsorgestiftung* im Rahmen der von den *Überwachungsorganen* gesetzten Limiten.

5.4 Externe Beschaffung von Eigenkapital (Beteiligungsfinanzierung)

Die Beteiligungsfinanzierung steht in engem Zusammenhang mit der *Rechtsform* der Unternehmung, denn der Kapitalgeber ist ja Miteigentümer an der Unternehmung und verfügt über einen Anspruch auf Gewinnbeteiligung und einen Anteil am Liquidationserlös. Er wird zudem auch einen mehr oder weniger starken Einfluß auf die Geschäftsführung ausüben, haftet er doch beschränkt oder unbeschränkt für die Schulden der Unternehmung. Die Arten der Beteiligungsfinanzierung lassen sich nur unter Berücksichtigung der Besonderheiten einzelner Unternehmungs-Rechtsformen darstellen.

5.4.1 Verhältnisse in der Einzelunternehmung

Der Inhaber wird einen großen Teil seines *Privatvermögens* in der Unternehmung investieren müssen. Der oft festzustellende Mangel an Eigenkapital in der Aufbauperiode wirkt sich vielfach nachteilig aus. Eine Möglichkeit, die Eigenkapitalbasis zu verbreitern, besteht darin, daß die *Ehefrau* das fehlende Kapital zur Verfügung stellt. Hier treten jedoch je nach Güterstand rechtliche Probleme auf. So stellt bei Güterverbindung und Gütertrennung eine Beteiligung der Ehefrau rechtlich ein Darlehen dar. Denkbar ist auch, daß *Verwandte* und *Bekannte* der Unternehmung durch interne Vereinbarung ein Darlehen gewähren. Dabei müßte eine *stille Gesellschaft* errichtet werden, damit rechtlich Eigenkapital entsteht.

5.4.2 Beteiligungsfinanzierung in Personengesellschaften

Die Eigenkapitalbasis ist hier schon breiter als in der Einzelunternehmung, da in der Kollektiv- und Kommanditgesellschaft mindestens zwei Teilhaber vorhanden sind. Das alleinige Bestimmungsrecht geht jedoch verloren. Meistens ist noch nicht das ganze Privatvermögen in der Gesellschaft investiert, so daß die bisherigen Gesellschafter ihre Kapitaleinlagen erhöhen können. Sonst muß ein neuer Gesellschafter aufgenommen werden.

5.4.3 Beteiligungsfinanzierung in der Aktiengesellschaft

In den Kapitalgesellschaften (hier hauptsächlich *Aktiengesellschaften*) wird die Möglichkeit der Kapitalbeschaffung wesentlich besser. Das Eigenkapital kann aus einem größeren Personenkreis stammen, wobei die Kapitalanteile den Vorteil der einfachen und formlosen Übertragung von Inhaberaktien aufweisen.

Sonderformen, wie Genuß- und Partizipationsscheine usw., sind vor allem bei *Publikationsgesellschaften* üblich.

Da im personenorientierten Mittelbetrieb häufig die Frage «AG ja oder nein?» gestellt wird, sind nachfolgend einige grundsätzliche Gedanken über die Vor- und Nachteile der Familien-Aktiengesellschaft niedergelegt:

Beliebte Rechtsform

In der Schweiz bestanden Ende 1995 über 171 000 Aktiengesellschaften, weshalb diese Rechtsform zu den häufigsten und anscheinend beliebtesten gehört. Angesichts der großen Zahl von Neugründungen sowie Umwandlungen von Einzelfirmen und Personengesellschaften ist man fast versucht, von einem *Modetrend zur AG hin* zu sprechen. Aus der Sicht der Praxis ist demgegenüber festzustellen, daß die Rechtsform der Aktiengesellschaft nur zu empfehlen ist, wenn sich im *konkreten Einzelfall wichtige Gründe und Vorteile* erkennen lassen. So sind es oftmals weniger steuerliche als vielmehr rechtliche und betriebswirtschaftliche Argumente, die für die Wahl dieser Rechtsform im Klein- und Mittelbetrieb sprechen.

Trennung von Privat- und Geschäftsvermögen

Die saubere Trennung von Privat- und Geschäftsvermögen entspricht nicht nur der Erfordernis einer korrekten Buchführung; damit ist auch eine *Ausscheidung und Begrenzung des Risikokapitals* verbunden. Während In- und Teilhaber von Personengesellschaften mit ihrem Gesamtvermögen solidarisch für die Verpflichtungen der Gesellschaft haften, besteht in der AG keine persönliche Haftung der beteiligten Aktionäre, da bei voll einbezahltem Kapital grundsätzlich nur das Gesellschaftsvermögen den Gläubigern als Sicherheit dient.

Diese grundsätzliche Haftungsbeschränkung hat dort ihre *Grenzen*, wo private Vermögensmittel der Aktionäre als Sicherheiten für Betriebskredite *verpfändet* werden oder wo Mitglieder des Verwaltungsrates bei pflichtwidrigen Handlungen auch persönlich haften, sofern zwischen Verschulden und Schaden ein Kausalzusammenhang nachgewiesen werden kann.

Weiterführung der Unternehmung

Besonders die Einzelfirma ist aufs engste mit der Person des Inhabers verbunden. Durch die Umwandlung in eine AG wird diese oft fatale Abhängigkeit (zum Beispiel im Todesfall) gelöst und die langfristige Weiterführung der Unternehmung in drei Aspekten sichergestellt:
– Gesellschaft und *Firmenname* (z. B. «Mech. Werkstatt H. Meier, AG») wer-

den vom Inhaber unabhängig und können ihn auch überdauern. Der im Familiennamen enthaltene Goodwill wird somit auf die AG übertragen.
– Durch die Stückelung der Aktienanteile wird es möglich, *weitere Partner als beteiligte Aktionäre* auf einmal oder sukzessive aufzunehmen, um die personelle und finanzielle Basis zu verbreitern.
– Eine *Geschäftsübergabe* an einen Nachfolger oder ein *Verkauf* als Ganzes an einen Dritten läßt sich in der Rechtsform der Aktiengesellschaft bedeutend leichter und bei größerer vertraglicher Gestaltungsfreiheit abwickeln. So ist es beispielsweise möglich, an einen Nachkommen, der an der Geschäftsübernahme interessiert ist, sukzessive Aktien zu übertragen, so daß dieser in einer bestimmten Anzahl Jahre über die Aktienmehrheit verfügt (vgl. auch Abschnitt 6.4).

Erleichterte Erbfolge

Wenn der Sohn eines verstorbenen Unternehmers dessen Einzelfirma weiterführen will, muß er die Miterben (Mutter, Geschwister) kurzfristig bar abfinden. Dies ist oftmals nur bei *großer Verschuldung* des Nachfolgers sowie bei *krasser Liquiditätsverschlechterung* des Geschäftes möglich, und schon manche geplante Übernahme endete mit Liquidation oder Verkauf an Dritte (vgl. auch Abschnitt 4.3.2).

Diese Probleme lassen sich in der Aktiengesellschaft einfacher lösen: Einerseits können Miterben durch Mittel aus dem Privatvermögen abgefunden werden, anderseits können die *Aktien* (welche vielleicht ein geringeres Stimmrecht als jene des Geschäftsnachfolgers aufweisen) unter den Miterben *aufgeteilt* werden. Dabei ist aber zu beachten, daß nach Praxis des Bundesgerichts nur leicht realisierbare Werte auf den Erbteil anzurechnen sind. Diesem Erfordernis kann jedoch durch flankierende Maßnahmen entsprochen werden (Wegfall der Vinkulierung, Vertretung im Verwaltungsrat, Spesenentschädigung, Mindestdividende, Aktionärsbindungsvertrag usw.).

Immerhin lassen sich diese recht komplexen Fragen durch die AG-Konstruktion besser bearbeiten, wobei aber in der Praxis kaum auf *Erbverträge* oder *Teilungsvorschriften* im Testament verzichtet werden kann (vgl. hierzu Abschnitte 6.4.5 und 8.3.3).

Bessere Organisation

Die Frage stellt sich, ob die mit der Aktiengesellschaft verbundenen Organe, wie Generalversammlung, Verwaltungsrat, Kontrollstelle, nicht zu *aufwendig* für eine Familiengesellschaft sind. Sicherlich sind diese sowie weitere mit den strengeren Vorschriften betreffend Buchführung verbundene *höhere Kosten* als Nachteil anzusehen. Für den aktiven Unternehmer ist dieser höhere Organisationsstand aber auch eine *Chance*, seine betrieblichen *Entscheide fundierter* und systematischer zu treffen. Auch der Beizug außenstehender Verwaltungsräte kann zur Verstärkung des Potentials der Unternehmung beitragen.

Derartige Möglichkeiten werden jedoch in jenen Betrieben verpaßt, die

Traktandenliste und Protokoll als überflüssige Pflichtübung betrachten und bei denen in Personalunion Aktionäre in der Generalversammlung ihrer Tätigkeit im Verwaltungsrat Decharge erteilen.

Steuerliche Aspekte

Der sicherlich größte Nachteil der Aktiengesellschaft ist die *wirtschaftliche Doppelbesteuerung* des Gesellschaftsertrages und der Dividende beim Aktionär. Daher wird in der Familien-AG oftmals auf Gewinnausschüttung verzichtet. Andererseits können in der AG aber auch Steuervorteile realisiert werden:

– Statt einer breiteren Grundkapitalbasis kann die Gesellschaft mit *Aktionärsdarlehen* finanziert werden. Die entsprechenden Darlehenszinsen vermindern als Aufwand den steuerbaren Ertrag. Natürlich muß der Aktionär den Zinsertrag als Einkommen versteuern, doch spart er – im Vergleich zur Einzelfirma – die AHV-Beiträge, die bei Einkommen über Fr. 65 000.– ohnehin nur fiskalischen Charakter haben.

– Die *Sozialabgaben* werden im weiteren bei der Einzelfirma grundsätzlich auf dem gesamten Reineinkommen (abzüglich Eigenkapitalverzinsung) des Unternehmers geschuldet, bei der AG hingegen nur auf den ausbezahlten Löhnen; der Reinertrag ist von der AHV-Pflicht befreit.

– Gemäß Bundesbeschluß vom 13.11.1985 können selbständige Erwerbstätige rund Fr. 28 000.– p. a. für ihre Vorsorge vom steuerbaren Einkommen abziehen. Demgegenüber können in der AG die Aufwendungen der Firma für die Personalvorsorge des *Hauptaktionärs* in gewissen Grenzen voll als Geschäftsaufwand verbucht werden.

– Falls bei der Umwandlung einer Einzelfirma in eine Aktiengesellschaft die *Geschäftsliegenschaft* nicht als Sacheinlage eingebracht wird, kann sich der Geschäftsinhaber einen entsprechenden *Mietzins* von der AG auszahlen lassen. Wenn auch bei derartigen *Miet-, Pacht- oder Lizenzverträgen* gewisse Limiten zu beachten sind, so läßt sich doch die wirtschaftliche Doppelbesteuerung weitgehend vermeiden.

Bei einer geplanten Umwandlung können aber auch *Steuernachteile* entstehen, die das Vorhaben praktisch verunmöglichen. Insbesondere ist an Überführungsgewinnsteuern zu denken, wenn Geschäftsliegenschaften mit hohen stillen Reserven ins Privatvermögen überführt werden oder wenn im letzten (aus der Besteuerung fallenden) Geschäftsjahr stille Reserven aufgelöst werden, die mittels Bruttogewinnvergleichen erfaßt und der Liquidationsgewinnbesteuerung unterworfen werden.

Gründliche Vorbereitung von Umwandlungen

Diese wenigen Punkte zeigen, daß der Aktiengesellschaft sowohl Vor- als auch Nachteile anhaften. Ein Urteil, ob sich eine Umwandlung lohnt, kann nur im *konkreten Einzelfall* gefällt werden. Auch dann ist zur Vermeidung der steuerlichen Nachteile resp. zur bestmöglichen Wahrnehmung der Vorteile eine gründliche Vorbereitung notwendig, die sich sogar über *einige Jahre* hinziehen kann, bis die erforderlichen Abklärungen (Steuerbelastungsvergleiche) und Maßnahmen rechtlicher, finanzieller und buchhalterischer Art durchgeführt sind.

5.4.4 Neues Aktienrecht ab 1. Juli 1992

Die Inkraftsetzung des neuen Aktienrechts hat dieser Rechtsform eine ganze Palette von *Änderungen* gebracht, von denen nachfolgend die wichtigsten aufgeführt sind:

Mindestgliederungsvorschriften für Bilanz und Erfolgsrechnung

Der Gesetzgeber bezweckt damit eine Erhöhung der *Transparenz* von Bilanz und Erfolgsrechnung, d.h. der Bilanzleser soll einen möglichst sicheren Einblick in die wirtschaftlichen und finanziellen Verhältnisse der Gesellschaft erhalten. In der *ganzen Jahresrechnung inkl. Anhang* müssen deshalb auch die *Vorjahreszahlen* angegeben werden.

Der Begriff des *Bilanzgewinns* ist neu in das Gesetz aufgenommen worden. Man versteht darunter den Jahresgewinn gemäß Erfolgsrechnung, ergänzt um den Gewinnvortrag aus dem Vorjahr (nach Gewinnverwendung). Im Klartext ist damit jener Betrag gemeint, welcher der Generalversammlung zur Verfügung steht.

Die Erfolgsrechnung muß in *betriebliche, betriebsfremde* sowie *außerordentliche Erträge* und *Aufwendungen* unterteilt werden.

Die Aktiengesellschaft darf nach wie vor stille Reserven bilden oder auflösen. Wird aber das *Jahresergebnis* durch die Auflösung von stillen Reserven *wesentlich günstiger* ausgewiesen als effektiv erwirtschaftet, so muß die *Auflösung im Anhang* mitgeteilt werden. Somit ist es nicht mehr möglich, einen Verlust mittels Auflösung von stillen Reserven in einen Gewinn umzuwandeln, ohne daß der Aktionär davon Kenntnis erlangt. Um jedoch diesem gesetzlichen Anspruch an die Transparenz Genüge zu leisten, ist es notwendig, die stillen Reserven in einer *Schattenrechnung* zu erfassen.

Obligatorischer Anhang zur Jahresrechnung

In diesem sind folgende Tatbestände auszuführen:
- Bürgschaften, Garantieverpflichtungen, Pfandbestellungen z. G. Dritter
- Verpfändungen, Zessionen und Eigentumsvorbehalte zur Sicherung eigener Verpflichtungen
- Leasingverbindlichkeiten
- Brandversicherungswerte der Sachanlagen
- Verbindlichkeiten gegenüber Vorsorgeeinrichtungen
- Beträge, Zinssätze und Fälligkeiten von eigenen Anleihensobligationen
- Wesentliche Beteiligungen
- Aufgelöste Wiederbeschaffungsreserven und aufgelöste stille Reserven
- Aufwertungen im Anlagevermögen
- Erwerb, Veräußerung, Anzahl und Erwerbsbedingungen eigener Aktien
- Genehmigtes und bedingtes Kapital
- Andere Angaben nach Gesetz.

Konsolidierungspflicht für bestimmte Unternehmungen

Es ist eine *konsolidierte Jahresrechnung* (Konzernrechnung) zu erstellen, wenn eine Gesellschaft durch Stimmenmehrheit oder auf andere Weise eine oder mehrere Gesellschaften unter einheitlicher Leitung zusammenfaßt. Konsolidierungspflichtig sind jedoch nur Unternehmungen ab einer bestimmten Größe. Die *Grenzwerte* sind für Kleinkonzerne relativ hoch:

* Bilanzsumme: Fr. 10 Mio.
* Umsatz: Fr. 20 Mio.
* Arbeitnehmer: 200 im Jahresdurchschnitt.

Erfüllt eine Unternehmung *zwei der drei Kriterien* in *zwei aufeinanderfolgenden Geschäftsjahren*, muß eine Konzernrechnung geführt werden. Die *Prüfung der Konzernrechnung* hat durch Revisoren mit *besonderer Befähigung* zu erfolgen.

Erstellen eines Geschäftsberichts

Der Verwaltungsrat ist für die jährliche Erstellung eines Geschäftsberichtes verantwortlich. Zusätzlich zur Jahresrechnung (Bilanz, Erfolgsrechnung und Anhang) oder zur Konzernrechnung muß ein Bericht über den Geschäftsverlauf samt Prüfungsbestätigung der Revisionsstelle vorgelegt werden.

Änderungen betreffend die Revisionsstelle

Die *Anforderungen* an die Revisionsstelle sowie ihre *Verantwortlichkeit* sind gegenüber dem bisherigen Recht stark gestiegen. In Gesetz und Praxis wird sich die *Organhaftung* der Revisionsstelle ausweiten, worüber sich der Revisor vor der Übernahme eines Mandates im klaren sein muß. Die Wahl der Revisionsstelle liegt nach wie vor bei der Generalversammlung, wobei die Revisoren im Gegensatz zum gegenwärtigen Recht befähigt sein müssen, ihre Aufgabe zu erfüllen. Die *Laienrevision* wird demzufolge nicht mehr akzeptiert. Zudem muß die Revisionsstelle im *Handelsregister* eingetragen werden. Die Publizitätswirkung des Handelsregistereintrages wird dafür sorgen, daß auch in kleinen Gesellschaften anstelle guter Freunde, Bekannter oder des Pfarrers vermehrt *anerkannte Revisionsfirmen* gewählt werden, was sich auf die Qualität der Jahresrechnungen positiv auswirken wird. Die Revisionsstelle hat zu prüfen, ob sowohl Buchhaltung wie Jahresrechnung ordnungsgemäß erstellt wurden. Der Revisor muß deshalb darauf hinwirken, daß die *Vorschriften bezüglich Rechnungslegung* auch eingehalten werden.

Neuregelung der Aufgaben des Verwaltungsrates

So obliegen dem Verwaltungsrat folgende unübertragbare und unentziehbare Aufgaben:

- Die Oberleitung der Gesellschaft und die Erteilung der nötigen Weisungen
- Die Festlegung der Organisation
- Die Ausgestaltung des Rechnungswesens, der Finanzkontrolle sowie der

Finanzplanung, sofern diese für die Führung der Gesellschaft notwendig ist
- Die Ernennung und Abberufung der mit der Geschäftsführung und der Vertretung betrauten Personen
- Die Oberaufsicht über die mit der Geschäftsführung betrauten Personen, namentlich im Hinblick auf die Befolgung der Gesetze, Statuten, Reglemente und Weisungen
- Die Erstellung des Jahresberichts sowie die Vorbereitung der Generalversammlung und die Ausführung ihrer Beschlüsse
- Die Benachrichtigung des Richters im Falle der Überschuldung.

Diese gesetzlich vorgeschriebenen Aufgaben kann ein Verwaltungsrat natürlich nur erfüllen, wenn ihm auch ein Recht auf *Auskunft und Einsicht* zusteht, was nun im neuen Recht explizit und weitergehend geregelt ist.

Neu kann der Verwaltungsrat durch die *Statuten* ermächtigt werden, die Geschäftsführung nach Maßgabe eines *Organisationsreglements* ganz oder teilweise an einzelne Mitglieder oder Dritte zu übertragen. Die Delegation muß also in den Statuten vorgesehen sein, und gegebenenfalls ist ein Organisationsreglement zu schaffen. Soweit die Geschäftsführung nicht übertragen wird, steht sie allen Mitgliedern des Verwaltungsrates gesamthaft zu.

Zur Verantwortlichkeit des Verwaltungsrates

Art. 754 OR: «Die *Mitglieder des Verwaltungsrates* und *alle mit der Geschäftsführung* oder mit der Liquidation befaßten Personen sind sowohl der Gesellschaft als den einzelnen Aktionären und Gesellschaftsgläubigern für den Schaden verantwortlich, den sie durch absichtliche oder fahrlässige Verletzung ihrer Pflichten verursachen.

Wer die Erfüllung einer Aufgabe befugterweise einem andern Organ überträgt (z.B. 716b), haftet für den von diesem verursachten Schaden, sofern er nicht nachweist, daß er bei der Auswahl, Unterrichtung und Überwachung die nach den Umständen gebotene Sorgfalt angewendet hat.»

Es handelt sich hier um eine *Haftung von Organen*. Organe im *materiellen* Sinn sind jene *Personen*, welche eine *leitende Stellung* in der Gesellschaft innehaben. Die *Verantwortung* für Verwaltung und Geschäftsführung hängt weder von der *Zeichnungsberechtigung* noch von der *Beteiligung* an der Vorbereitung der strategischen *Entscheidung* ab, sondern nur von der organisatorischen Eingliederung in die *Willensbildung* der Gesellschaft. Es genügt somit sowohl die formelle Integration in ein Organ als auch die tatsächliche Einflußnahme.

Im Vordergrund steht hier die zivilrechtliche Verantwortung, bei der die Festsetzung von Schadenersatzansprüchen im Vordergrund steht. Damit die zivilrechtliche Verantwortlichkeit bejaht werden kann, müssen vier Voraussetzungen *kumulativ* erfüllt sein, nämlich
- es muß ein *Schaden* bewiesen werden
- es muß ein *rechtswidriges Verhalten* vorliegen

76

– es muß ein *adäquater Kausalzusammenhang* zwischen Verhalten und Schaden bestehen
– es muß ein *Verschulden* im Sinn von Absicht oder Fahrlässigkeit vorliegen.

Eine mögliche *Haftbefreiung* setzt voraus, daß die *Delegation von Kompetenzen* den gesetzlichen und statutarischen Vorschriften entspricht. Insbesondere dürfen keine unübertragbaren Aufgaben delegiert werden. Die Übertragung von Aufgaben muß im Organisationsreglement genügend dokumentiert sein. Der Delegationsempfänger muß mit aller zumutbaren Sorgfalt durch das delegierende Organ ausgewählt, instruiert und überwacht werden.

Die *Haftungsprävention* beginnt – wie wir eingangs gesehen haben – bereits *vor Übernahme eines VR-Mandats*, indem die betreffende Gesellschaft genau analysiert wird.

Bei der *Mandatsausübung* sind alle rechtlichen Möglichkeiten rechtzeitig zu prüfen, wie etwa *Berufshaftpflicht-Versicherung, Decharge-Erteilung* als aktienrechtliche Einrede, *Mandatsverträge* oder selbst *Eheverträge*.

Eine *pflichtbewußte* und aktive *Ausübung* des Mandats *reduziert* das Haftungsrisiko wesentlich. Dazu einige *Stichworte:* Die *Organisation* der Gesellschaft ist zweckmäßig zu gestalten und konsequent durchzusetzen, das Rechnungswesen ist sachgerecht einzurichten und mit einer wirksamen Finanzkontrolle auszugestalten. *An den Sitzungen und Verhandlungen des Verwaltungsrates soll aktiv teilgenommen werden.* Dazu gehört auch eine *sorgfältige Protokollierung.*

Es ist darauf zu achten, daß beispielsweise auch *Minderheitsvoten* oder vom Mehrheitsbeschluß abweichende Meinungen protokolliert werden. Bei Mehrheitsentscheiden kann es sich empfehlen, *namentlich* festzuhalten, wer zu- und wer dagegen gestimmt hat. Das kann für spätere Beweiszwecke wichtig sein. Die Revisionsstelle soll *sorgfältig ausgewählt* und zur Unterstützung beigezogen werden. Die *gesetzlichen Formalitäten* sind strikte zu beachten. Die Erfüllung von Steuerforderungen und Sozialabgaben soll speziell überprüft werden.

Die Organisation der Aktiengesellschaft

Wo die Geschäftsleitung nicht vom Verwaltungsrat wahrgenommen wird, wird ein *Handlungsbedarf* ausgelöst. Das im Gesetz erwähnte Organisationsreglement beinhaltet zum Beispiel *Organigramm, Stellenbeschreibungen* aller Kadermitarbeiter, evtl. *Funktionendiagramm* usw. Unternehmungen, die zum heutigen Zeitpunkt nicht über derartige Führungsinstrumente verfügen, werden mit Vorteil diese gesetzlich vorgesehenen Grundlagen schaffen.

Sofern der Verwaltungsrat nicht in der Lage ist, im Bereiche von Finanzplanung, Rechnungswesen und Finanzkontrolle die Oberleitung auszuüben, muß er diese Aufgabe einem kompetenten Treuhänder oder Berater übertragen. Gerade im angespannten wirtschaftlichen Umfeld ist es besonders wichtig, die *finanziellen Führungsinstrumente* auszugestalten und zu

nutzen. Der im Gesetz enthaltene Zusatz, daß diese Instrumente einzuführen sind, sofern sie für die Führung der Gesellschaft *notwendig* sind, ist täuschend. Für die große Mehrzahl aller Gesellschaften ist die finanzielle Führung ein Muß. Darunter verstehen wir vor allem Instrumente wie
- *Budgetierung und Budgetkontrolle*
- *Liquiditätsplanung und -kontrolle*
- *Finanzplanung*
- *Überwachung der Bilanzstruktur*
- *Periodische Erstellung einer kurzfristigen Erfolgsrechnung*
- *usw.*

Verbesserter Schutz der Aktionärsrechte
durch Vorschriften
- zum Minderheitenschutz
- über die Sonderprüfung
- zu Stimmrechtsaktien.

Aktienkapital
Nach neuem Recht muß das *Aktienkapital* mindestens Fr. 100 000.– betragen, wobei 20% des Aktienkapitals, mindestens aber Fr. 50 000.– einbezahlt werden müssen. Gesellschaften, die nach dem 1. Januar 1995 gegründet worden sind, müssen sich dieser Regelung bis spätestens am 30. Juni 1997 anpassen. Der *Mindestnennwert* je Aktie beträgt neu nur noch zehn Franken.

5.4.5 Gesellschaft mit beschränkter Haftung

Die im letzten Abschnitt skizzierten Änderungen des Rechts der Aktiengesellschaft haben die Rechtsform der GmbH attraktiver werden lassen. Die Anzahl der Gesellschaften mit beschränkter Haftung pendelte jahrzehntelang zwischen mageren 2 000 bis 3 000 und ist in den letzten drei Jahren auf über 10 000 (Ende 1995) geschnellt. Hauptgründe für diesen plötzlichen Popularitätsgewinn der GmbH sind die folgenden:

• Das Nominalkapital beträgt nur Fr. 20 000.–, wovon mindestens Fr. 10 000.– einbezahlt sein müssen.
• Eine Revisionsstelle ist nur vorzusehen, sofern sie in den Statuten vorgesehen ist.
• Zudem entstehen einige Kostenvorteile bei einer Gründung gegenüber der AG.

Ob diese Vorteile durch den möglichen Nachteil der Unterfinanzierung der GmbH und damit der geringeren Kreditwürdigkeit gegenüber Banken langfristig Bestand haben, bleibt abzuwarten.

Weitere Unterschiede der GmbH zur AG:

Kriterium	GmbH	AG
Gründer	mind. 2	mind. 3
Grundkapital	mind. Fr. 20 000.–	mind. Fr. 100 000.–
davon einbezahlt	mind. Fr. 10 000.–	mind. Fr. 50 000.–
Obergrenze	max. Fr. 2 Mio.	unbeschränkt
Kapitalstückelung	Fr. 1000.– oder ein Vielfaches davon	mind. Fr. 10.–
Übertrag der Anteile	muß öffentlich beurkundet werden	frei
Stimmrecht	nach Kapital oder nach Köpfen, je nach Statuten	im Verhältnis zum Nennwert oder je Aktie eine Stimme
Anteil-/Aktienbuch	öffentlich (HR-Amt)	nicht öffentlich (gesellschaftsintern)
Nationalität Geschäfts-führer/Verwaltungsräte	keine Vorschrift	Mehrheit Schweizer Bürger
Bezeichnung Kapitalgeber	Gesellschafter	Aktionär
Grundkapital	Stammkapital	Aktienkapital
Einzelne Anteile	Stammanteil (ohne Wertpapiercharakter)	Namen- oder Inhaber-aktie (Wertpapiere)
Verwaltungsorgan	Geschäftsführer	Verwaltungsrat
Oberstes Organ	Gesellschafter-versammlung	Generalversammlung
Umwandlung	in AG ausgeschlossen	in GmbH möglich

5.4.6 Weitere Rechtsformen

Die Außenfinanzierung mit Eigenkapital kann auch über weitere Rechtsfor-men realisiert werden, wie
- einfache Gesellschaft (Konsortien)
- Kommanditaktiengesellschaft
- Genossenschaft.

Auf die entsprechenden Einzelheiten wird in dieser Schrift nicht einge-gangen (vgl. M. Boemle, Teil II).

5.5 Externe Beschaffung von Fremdkapital

Die externe Fremdfinanzierung erfolgt durch Aufnahme von Darlehen oder Krediten. Unter einem *Kredit* verstehen wir die zeitweilige Überlassung von Geldkapital (bzw. Verfügungsmacht über Geld) gegen Zahlung eines Ent-geltes (Regelfall: fester Zins). Es entsteht dabei ein Schuldner-Gläubiger-Verhältnis mit folgenden *Merkmalen:*
- Verpflichtung des Betriebes zur Rückzahlung
- feste Verzinsung durch Kreditnehmer

- kein Recht auf Mitarbeit des Kreditgebers in der Geschäftsführung
- keine Mitbestimmungs- und Kontrollrechte
- kein Anspruch des Kreditgebers auf Anteil am Liquidationsüberschuß
- Zinsen sind als Kosten steuerlich abzugsfähig (bei Eigenkapital ist Reingewinn zu versteuern).

Aus bilanzieller Sicht wird das Fremdkapital nach seiner *Fristigkeit* gegliedert:
- kurzfristiges Fremdkapital (Lieferantenkredit, Kunden- und Bankkredit, Factoring)
- mittelfristiges Fremdkapital (Darlehen, Forfaitierung)
- langfristiges Fremdkapital (Hypotheken, Obligationen).

5.5.1 Lieferantenkredit

Der Lieferant einer Ware räumt seinem Abnehmer ein Zahlungsziel ein. Im allgemeinen erstreckt sich die Kreditfrist auf bis zu 3 Monate. Der Lieferantenkredit ist eine der häufigsten Arten der kurzfristigen Fremdfinanzierung. Er wird in der Regel formlos und ohne Sicherheiten gewährt. Sofern der Skonto nicht ausgenützt wird, ist der Lieferantenkredit ein teurer Kredit. Es wäre grundsätzlich falsch, den Lieferantenkredit als zinslosen Kredit zu bezeichnen, da der Skonto meist in die Preise einkalkuliert wird. *Zinsberechnung:*
- Zahlung innert 2 Monaten netto oder innert 30 Tagen mit 2% Skonto als Zahlungsbedingung
- Für ein um 1 Monat vorverlegtes Zahlen werden also 2% gewährt
- Pro Jahr demnach ein Zins von 24%.

Die Kreditleistung erfolgt im übrigen nicht in Form von Geld, sondern durch Überlassung von Waren oder Dienstleistungen. Der Lieferantenkredit läßt sich teilweise auch erzwingen.

5.5.2 Kundenkredit

An-, Vorauszahlungen und Kautionen von Kunden sind vor allem in der Maschinenindustrie anzutreffen. Man findet sie jedoch auch in gewissen Branchen des produzierenden Gewerbes (wie Auftragsfertigung, Bau- und Baunebengewerbe).

Der große Vorteil dieser Kreditart besteht darin, daß sie *zinslos* zur Verfügung gestellt wird und die Rückzahlung in Form von Fertigfabrikaten erfolgt. Strenggenommen stellen Akontozahlungen keine Kreditart dar, da bereits eine mindestens gleich hohe Leistung erfolgt ist.

5.5.3 Bankkredit

Viele Kredite werden von den Banken nur dann gewährt, wenn *Sicherheiten* gestellt werden können, z. B. Wertschriften, Kassenobligationen, Lebensversicherungspolicen, Spar-, Einlage- und Depositenhefte, Kontoguthaben. Diese Sicherheiten müssen der Bank verpfändet werden; in diesem Falle

wird die Bank normalerweise auf eine Bonitätsprüfung verzichten. Bei den Lombardkrediten gelten normalerweise folgende Belehnungsgrenzen in % der Tageskurse:
- Aktien bis zu 50%
- Obligationen und Notes in Schweizerfranken 80% bis zu 90%
- Obligationen und Notes in Fremdwährungen bis zu 80%
- Fonds-Anteilscheine 50% bis zu 90%
- Gold, Platin, Silber bis zu 70%
- Treuhandanlagen in frei konvertiblen Währungen bis zu 80%
- Festgeldanlagen 85% bis zu 90%
- Geldmarktpapiere bis zu 80%
- Rückkaufswerte von Lebensversicherungspolicen schweiz. Gesellschaften bis zu 90%.

Werden hingegen Kundenguthaben abgetreten (stillschweigend oder unter Mitteilung an den Schuldner), so handelt es sich um einen *Zessionskredit*.

Im *Kreditvertrag* werden sämtliche Kreditbedingungen wie Art, Höhe, Laufzeit, Verzinsung, Kommissionen, Spesen, Kündigung, Rückzahlung und Sicherheiten geregelt; gleichzeitig wird auch auf die «Allgemeinen Geschäftsbedingungen» verwiesen.

Im speziellen muß das Recht der Banken erwähnt werden, bestehende Geschäftsverbindungen jederzeit mit sofortiger Wirkung aufzuheben, die zugesagten Kredite zu annullieren und ihre dadurch sofort zur Rückzahlung fällig gewordenen Guthaben ohne weitere Kündigung einzufordern. Die *wichtigsten Formen des Bankkredites* sind:

Kontokorrentkredit

Er ist geeignet für sich stets wiederholende Kapitalbedürfnisse. Sein Vorteil besteht darin, daß nur der tatsächlich beanspruchte Kredit zinspflichtig ist. Daneben wird eine Kreditkommission verlangt (in der Regel auf der höchsten Kreditbeanspruchung).

Der freie Betrag bis zur Kreditlimite bildet eine Liquiditätsreserve. Die Höhe der Kontokorrentlimite bewegt sich in der Regel zwischen 20 und 40% des bilanzmäßig ausgewiesenen Eigenkapitals (Blankokredit) bzw. richtet sich nach den gebotenen Sicherheiten (gedeckter Kontokorrentkredit). Der *Blankokredit* ist rund 1/2% teurer als der gedeckte Kontokorrent.

Akzeptkredit

Beim Akzeptkredit verpflichtet sich eine Bank, bis zu einem bestimmten Höchstbetrag (der Akzeptlimite) ihr genehme Wechsel zu akzeptieren, die der Kreditnehmer ihr einreicht. Der Kreditnehmer muß sich verpflichten, die Wechselsumme auf den Verfalltag (oder 1 bis 2 Tage vorher) bereitzustellen, so daß die Bank im Normalfall überhaupt keine eigenen Mittel einsetzen muß, sie stellt lediglich ihren guten Namen zur Verfügung.

Der Akzeptkredit hat für das Gewerbe keine große Bedeutung, da die Bonitätsforderungen meist nicht erfüllt werden können.

Diskontkredit

Bei diesem auch Wechselkredit genannten Kredit verpflichtet sich die Bank, von der Unternehmung einen Wechsel vor dessen Fälligkeit zu kaufen und ihr den Wechselbetrag unter Abzug eines Zinses (= Diskont) und allfälliger Spesen sofort zur Verfügung zu stellen. Diskontiert werden in erster Linie Wechsel, die nationalbankfähig sind, d.h. bestimmte Voraussetzungen erfüllen (max. Laufzeit 180 Tage, zwei zahlungsfähige, voneinander unabhängige Unterschriften usw.). Ein eigentlicher Diskontkredit besteht erst dann, wenn die Bank einem Kunden erlaubt, bis zu einem Höchstbetrag (Diskontlimite) laufend Wechsel einzureichen. Besteht keine feste Diskontzusage, so kann sporadisch ein Wechsel zum Diskont eingereicht werden (Gelegenheitsdiskontierung).

Die Höhe des Zinssatzes ist abhängig vom offiziellen Diskontsatz der Schweizerischen Nationalbank sowie von der jeweiligen Lage am Geldmarkt. Die meisten Unternehmer können sich nicht entschließen, einem Kunden Wechsel zum Akzept vorzulegen bzw. auf sie gezogene Wechsel zu akzeptieren. Kreditbedürftige Unternehmer sehen sich dadurch gelegentlich gezwungen, nicht akzeptierte Wechsel (= Tratten) bevorschussen zu lassen. Die Banken übernehmen solche Papiere nur ungern und zahlen nur bis max. 80% des Nettobetrages aus. Allgemein sind Wechselfinanzierungen stark branchenbezogen (z. B. Großhandel) und in gewissen Sparten unbeliebt oder unüblich.

Für weitere Details zu den verschiedenen Bankkreditformen vgl. auch W. Schaer: Der Bankkredit, die Praxis in der Schweiz.

5.5.4 Factoring

In Anlehnung an K. Schaer, Factors AG, Zürich (siehe auch Abschnitt 8.1) bedeutet Factoring die Übertragung von kurzfristigen Forderungen aus Warenlieferungen oder Dienstleistungen an eine Factoringgesellschaft, welche diese Forderungen verwaltet, für die Zeit zwischen der Übernahme und dem effektiven Geldeingang bevorschußt und/oder bereit ist, das Delkredere-Risiko zu übernehmen.

Bevor die Factoringgesellschaft (der Factor) mit der Unternehmung einen Vertrag abschließt, wird sie diese einer Prüfung unterziehen. Ein Vertragsabschluß wird wohl nur zustande kommen, wenn der Factor die Zukunftsaussichten des Betriebes positiv beurteilt.

Die Übernahme der *Debitorenbuchhaltung* kann nur wahrgenommen werden, wenn vertraglich eine Globalzession der Forderungen vereinbart ist, und zwar auch dann, wenn keine Bevorschussung vorgesehen ist. In der Folge wird der Factor die säumigen Debitoren der Unternehmung mahnen, wobei er sich auf die vereinbarten Konditionen stützt. Sofern die Debitorenbuchhaltung mittels einer eigenen EDV (PC usw.) geführt wird, kann mit dem Factor heute meistens auch ein EDV-gerechter Datenaustausch vereinbart werden, wodurch eine entsprechende Kommissionsreduktion erwirkt wird.

Im weiteren übernimmt der Factor auf Anfrage und nach Prüfung die *Delkredere-Risiko-Garantie*. Wenn also ein Debitor infolge Insolvenz außerstande ist, seinen Verpflichtungen gegenüber den Lieferanten nachzukommen, so tritt der Factor an dessen Stelle. Dies kann vor allem im Exportgeschäft für die Unternehmung ein gewichtiger Vorteil sein.

Die wahrscheinlich wichtigste Dienstleistung ist die *Finanzierung* beim Factoringgeschäft. Diese bewegt sich in der Regel zwischen 50 und 80% der eingereichten Rechnungsbeträge. Je nach Vereinbarung zwischen Unternehmung und Factor erstreckt sich die Finanzierung nur auf die vom Factor akzeptierten Forderungen oder auf sämtliche Rechnungen. Die Unternehmung kann somit bei Rechnungseinreichung sofort über die zur Verfügung stehenden Summen disponieren. Damit fallen allfällige Unsicherheiten auf der Einnahmenseite der Liquiditätsplanung praktisch weg.

Was sind die *Kosten* des Factorings? Je nach Umfang der in Anspruch genommenen Dienstleistungen und des abgesicherten Risikos wird eine Factoringkommission vereinbart, welche sich in der Regel auf 0,5 bis 1,5%, im Exportgeschäft auf 0,5 bis 3% des Bruttoumsatzes beläuft. Möglich ist auch die Vereinbarung einer fixen Gebühr pro Rechnung. Wird der Unternehmung eine höhere Kommission als 2% vorgeschlagen, so muß sie prüfen, ob sie nicht durch eine Änderung ihrer Verkaufsgewohnheiten eine Verbilligung erreichen kann. Zusätzlich kann gesagt werden, daß viele Unternehmen nicht in der Lage sind, ihre Dienstleistungen zu steigern, da die Debitorenfinanzierung einen Engpaß bildet. Wird dieses Problem durch die Factoringgesellschaft übernommen, so hat der Betrieb mehr Zeit für die *Bewältigung der Marketing- und Produktionsaufgaben* – besonders bei Wachstumsfirmen, die für ihre Expansionspolitik erhöhten Finanzmittelbedarf haben, oder auch Unternehmen, die ihre schwer einbringbaren Forderungen zu reduzieren suchen. Vorteile für die Factoring nutzenden Unternehmen sind *rasche Information über neue Kunden* im Hinblick auf ihr finanzielles Potential, höhere Kundenumsätze, sofern sich die Kunden nach den umfassenderen Analysen des Factors als entsprechend kreditwürdig erweisen, höhere Risikobereitschaft des Factors aufgrund seiner finanziellen Ressourcen, Hinweis auf (finanziell) erwünschte und unerwünschte Kunden, bessere Kundenbeziehungen, da die (unangenehmen) Mahnverfahren durch die Factoringgesellschaft wahrgenommen werden, *schnellere Begleichung der Rechnungen* durch die Schuldner, wenn sie wissen, daß eine Factoringgesellschaft eingeschaltet worden ist.

Bei alldem sollte aber nicht vergessen werden, daß Factoring *keinesfalls für alle Unternehmen akzeptabel* erscheint. Wenn beispielsweise ein Unternehmen genügend finanzielle Mittel hat oder eine kleine Zahl von Kunden mit hervorragender Zahlungsfähigkeit, so würden die Kosten von Factoring den Wert der Dienstleistungen übersteigen. *Inakzeptabel für den Factor* sind Firmen, die nur über einen oder zwei Hauptkunden verfügen (Zulieferer!), Unternehmen mit schlechtem Management, unzureichendem Betriebskapital oder Umsatz sowie schließlich Firmen mit Produkten, deren Qualität häufig Anlaß zu Diskussionen gibt.

Man kann feststellen, daß das bislang nicht sonderlich positive Image (infolge der Globalzession) des Factorings sich langsam wandelt. Wieweit Factoring in der heutigen Zeit von Vorteil für das jeweilige Unternehmen sein kann, ist *sorgfältig zu prüfen* – besonders dann, wenn Wachstum und Entwicklung unternehmenspolitische Forderungen darstellen. Im Abschnitt 8.2.1 ist ein *praktisches Factoringgeschäft* dargestellt.

5.5.5 Darlehen

Für die meisten mittelgroßen Unternehmungen kommen als mittelfristiges Fremdkapital hauptsächlich *Darlehen* in Frage. Je nach den Verhältnissen werden Banken, Verwandte, Freunde, Bekannte als Darlehensgläubiger herangezogen. Denkbar ist auch die Darlehenssuche auf dem Inseratenweg (Tageszeitungen, Fachzeitschriften). Dem Darlehensgläubiger kann ein fester Zins und/oder ein Anteil am Geschäftsgewinn zugesichert werden.

Gemäß OR 318 gilt es zu beachten, daß ein Darlehen ohne andere Vereinbarung *6 Wochen nach Kündigung* rückzahlbar ist. Bei den Banken ist in den Allgemeinen Geschäftsbedingungen eine Frist von sogar nur 30 Tagen vorgesehen.

Die *Rückzahlung* kann wie folgt erfolgen:
– in einem Betrag am Ende der Laufzeit (regelmäßige, gleichbleibende Zinsen)
– Ratentilgung (gleichbleibende Tilgungsraten, sinkende Zinsen = fallende Periodenbeträge)
– Annuitätentilgung (steigende Tilgungsraten, sinkende Zinsen = gleichbleibende Periodenbeträge).

Als *Sonderform* ist das *partiarische Darlehen* zu nennen. Dies sind Darlehen mit Gewinnbeteiligung (z. B. 8% vom Geschäftsgewinn) statt mit Zinszahlungen. Der Darlehensgeber hat im Gegensatz zu einem Gesellschafter keine Verlustbeteiligung, aber auch keinen Anspruch auf einen Liquidationsanteil und keine Geschäftsführerrechte. Die praktische Schwierigkeit besteht bei dieser Finanzierungsform in der Festlegung einer klaren Methode der Gewinnermittlung.

Für einige *Branchen* ist hier auf die Möglichkeit von *Lieferantendarlehen* hinzuweisen, beispielsweise von Mühlen an Bäckereien oder von Brauereien an Restaurants. Sie dienen zur Anschaffung von Einrichtungs- und Ausrüstungsgegenständen und sind relativ leicht erhältlich. Vielfach können sie umsatzbezogen zurückbezahlt werden, indem die Tilgung mit Hilfe eines Aufpreises auf die Abnahmemenge erfolgt. Nachteilig ist die damit verbundene Abnahmeverpflichtung. Daher sollte man sich nur auf möglichst kurze Zeit binden.

Darlehen sind für viele Betriebe von größter Bedeutung, bilden sie doch vielfach die einzige Quelle von mittel- bis langfristigem Fremdkapital. Bankdarlehen werden normalerweise als Investitionskredite zur Anschaffung von Maschinen, z. B. auf 3 bis 5 Jahre, eingesetzt.

5.5.6 Forfaitierung

Diese Spezialfinanzierung auf mittlere bis längere Frist ist vor allem für *Exporteure* interessant. Die nachfolgenden Ausführungen stützen sich auf die Broschüre von C. J. Gmür (siehe Literaturverzeichnis).

Die Forfaitierung ist eine Vereinbarung, bei der die Exporteure von Investitionsgütern eine *mittelfristige Finanzierung* erhalten können, gewöhnlich für einen Zeitraum von 1 bis 7 Jahren. Im Rahmen dieser Vereinbarung kauft die forfaitierende Bank zu einem Diskont gezogene Wechsel, Eigenwechsel oder andere Forderungen aus internationalen Handelsgeschäften. Eigenwechsel sind die bevorzugten Zahlungsinstrumente, da es hierbei dem Exporteur möglich ist, sich von allen Regreßansprüchen freistellen zu lassen. Die kaufende Bank (der Forfaiteur) kann sich zum Kauf von Eigenwechseln bereits vor Unterzeichnung des Liefervertrages verpflichten. Dann ist eine Bereitstellungskommission zu zahlen.

Die *Kosten* richten sich nach der Kreditdauer und der Klassifikation des entsprechenden Länderrisikos. Wo Margen niedrig erscheinen – aufgrund der politischen und wirtschaftlichen Gegebenheiten –, muß man sich immer noch fragen, ob Abschlußgebühren, Kommissionen usw. hinzukommen. Die Forfaitierungskosten schließen Telefon- und Telexspesen, Inkassokosten und andere Aufwendungen mit ein und müssen daher höher sein. Sie variieren natürlich auch mit der Zahl der Rückzahlungen und der Höhe jedes Zahlungsbetrages. Bei Forfaitierung werden Margen zwischen 0,5% und 3,5% jährlich verlangt. Margen unter 0,5% p. a. genügen nicht, um neben einem bescheidenen Gewinn auch Reserven bilden zu können; Margen über 3,5% p. a. betreffen gewöhnlich zu große Risiken. Solche hohen Margen werden heute verlangt für Forfaitierung auf Länder, die in einer 100-Punkte-Länderrisikoskala weniger als 50% erreichen (vgl. das *Beispiel* einer Forfaitierung im Abschnitt 8.2.2).

5.5.7 Hypotheken

Hypotheken sind langfristige Darlehen oder Kredite aufgrund von Grundpfandrechten, setzen also voraus, daß der Unternehmer oder die Unternehmung Liegenschaften besitzt. Der Kreditgeber wird Gläubiger einer grundpfandgesicherten Forderung und erhält einen allfälligen Schuldbrief (oder Gült) zu Eigentum.

Die Kosten setzen sich zusammen aus dem Zins und in der Regel unbedeutenden Spesen. Der Hypothekarzinssatz ist vom Rang des Grundpfandes abhängig. Für Nachgangstitel (2. Hypothek) kommt ein um $1/4$% bis $3/4$% höherer Satz zur Anwendung.

Hypothekarkredite werden je nach Landesgegend entweder fest auf 1 bis 5 Jahre gewährt oder sind jederzeit auf 3 oder 6 Monate kündbar (Normalfall). Trotz der kurzen Rückzahlungsfristen handelt es sich um langfristige Kredite, machen doch die Banken von ihrem Kündigungsrecht erst dann Gebrauch, wenn der Kreditnehmer seinen Verpflichtungen nicht nachkommt. Die Rückzahlung erfolgt in der Regel in halbjährlichen Raten, vor allem bei

Nachgangstiteln. Bei *Festhypotheken* kann der Schuldner keine vorzeitigen oder größeren als die vorgesehenen Rückzahlungen leisten; allerdings bleibt auch der Zinssatz während der Laufzeit konstant. Eine Wiederaufstockung ist im weiteren erst nach Ablauf möglich.

5.5.8 Weitere Fremdkapitalien

Es gibt eine Reihe weiterer Möglichkeiten der Fremdkapitalfinanzierung, wie
– Obligationen und Wandelobligationen
– Optionsanleihen
– Eurodarlehen usw.,
welche in der Regel aber nur großen Publikationsgesellschaften offenstehen.

5.6 Finanzierungsersatz

5.6.1 Grundsätzliches

Finanzierungsersatz ist keine Finanzierungsform, sondern die Umgehung eines Finanzierungsproblems. Als Ersatz einer Finanzierung gelten:
– Leasing
– betriebliche Maßnahmen.

5.6.2 Leasing

Leasing ist eine in den letzten Jahren immer häufiger anzutreffende Methode eines Finanzierungsersatzes. Der Leasingmarkt in der Schweiz wird auf rund 1 Mrd. Franken jährlich geschätzt. Nachfolgend sind die wichtigsten Elemente dargelegt.

Im Abschnitt 8.1 sind die Anschriften der wichtigsten in der Schweiz tätigen Leasinggesellschaften aufgeführt.

Begriff: Leasing ist die Beschaffung von Investitionsgütern und Immobilien zur Gebrauchsüberlassung gegen periodische Zahlungen. Das *direkte* Leasing (Zweiparteiensystem) wickelt sich zwischen Hersteller und Leasingnehmer ab. Nach W. Lüem kann das *indirekte* Leasing (Dreiparteiensystem) wie folgt skizziert werden:

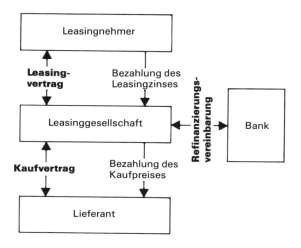

Beim *Finanzierungsleasing* wird der Vertrag über eine Laufzeit von in der Regel 3 bis 6 Jahren abgeschlossen, je nach Art und Beschaffenheit des Leasingobjektes. Während der vereinbarten Dauer kann der Leasingvertrag vom Leasingnehmer nicht gekündigt werden. Je nach Höhe der vereinbarten Abschreibung wird zwischen Vollamortisationsverträgen (Full pay out) und Teilamortisationsverträgen (Non full pay out) unterschieden. Bei der ersten Form werden völlig oder annähernd 100% der Investitionskosten amortisiert; bei der zweiten Form in der Regel 70 bis 95%. Abweichend hiervon wird beim *Operatingleasing* der Leasingvertrag über eine kurze, nicht kündbare Laufzeit abgeschlossen, wobei die Parteien das Recht haben, danach vom Vertrag zurückzutreten. Die Leasinggesellschaft trägt hier im Gegensatz zum Finanzierungsleasing einen wesentlichen Teil der Eigentümer- und Investitionsrisiken. Diese Vertragsform wird hauptsächlich für serienmäßig fabrizierte Wirtschaftsgüter angewendet, welche von mehreren Leasingnehmern verwendet werden können. Als Leasinggeber treten vor allem Produzenten und Händler auf, welche in bezug auf die Wiederverwertung über eine entsprechende Infrastruktur verfügen.

Beim *Vertriebsleasing* wird das Leasing eingesetzt als Mittel zur Absatzförderung. Den Kunden wird nicht nur ein Kaufvertrag mit traditioneller Finanzierung, sondern auch ein Leasingvertrag angeboten. Mit dem Vertriebsleasing sind häufig Zusatzleistungen des Herstellers verbunden, wie Wartung oder Lieferung von Verbrauchsmaterialien.

Mobilienleasing
Nachstehend eine Aufstellung leasingfähiger Objekte:
– Werkzeugmaschinen – auch ganze Bearbeitungszentren

- Verpackungsmaschinen
- Lagergeräte
- Baumaschinen
- Büromaschinen, Computer
- Fahrzeugflotten
- Eisenbahnwaggons
- Fördermittel
- Luftseilbahnen usw.

Selbst Praxis-, Labor- und Ladeneinrichtungen gelten als leasingfähige Objekte. Wegen der besseren Verwertungsmöglichkeiten sind Standarderzeugnisse geeignetere Leasingobjekte als Spezialanfertigungen. Die Kosten hängen vom Investitionsbetrag, der Vertragsdauer und der Amortisationsquote ab, wobei auch eine Abschlußgebühr erhoben wird.

Beispiel eines Leasingtarifs (Quelle: A+E Leasing AG, Tarifplan 17/88):

Laufzeit	Leasingtarif für Anschaffungskosten:	
	Fr. 5 000.– bis 49 999.–	ab Fr. 50 000.–
24 Monate	4,388%	4,338%
36 Monate	3,026%	2,976%
48 Monate	2,346%	2,296%
60 Monate	1,939%	1,889%
72 Monate		1,618%

Bearbeitungsgebühr					
A.	Fr.	5 000.–	bis Fr.	19 999.–	= 2 %
B.	Fr.	20 000.–	bis Fr.	49 999.–	= 1 %
C.	Fr.	50 000.–	bis Fr.	99 999.–	= 1 %
D.			ab Fr.	100 000.–	= 0,5%

Restwert: 1%

Immobilienleasing
Als Leasingobjekte kommen hier in Frage:
- Fabriken, Werkstätten
- Lagerhallen, Gewerbezentren
- Verwaltungsgebäude
- Hotels
- Waren- und Parkhäuser
- Freizeitanlagen (Reit- und Tennishallen) usw.

Nach T. Heizmann werden im Gegensatz zum Mobilienleasing Immobilienleasing-Verträge nur zaghaft abgeschlossen. Dies läßt sich möglicherweise damit erklären, daß der Schweizer unter allen Umständen als Eigentümer einer Liegenschaft im Grundbuch eingetragen werden will. Immerhin kann durch diese Vertragsform eine Firma ihre gewerbliche oder industrielle Baute zu *100% mit Fremdmitteln* finanzieren. Die für den Betrieb nötige Liquidität bleibt dadurch erhalten. Die Leasingdauer beträgt in der Regel 5 bis 25 Jahre bei Amortisationsquoten zwischen 25 und 60% der Gesamtinvestitionskosten. Der Leasingzins bleibt dabei in der Regel 5 Jahre unverändert und kann danach den dannzumal herrschenden Geld- und Kapitalmarktverhältnissen angepaßt werden. Der Leasingzins ist üblicherweise vierteljährlich fällig. Wie im Vertragsrecht ist auch in den Steuergesetzen das Immobilienleasing nicht erwähnt. Die Unsicherheit der *steuerlichen Belastung* während der Vertragsdauer, insbesondere aber bei Übernahme des Leasingobjektes durch den Leasingnehmer, läßt viele Interessenten auf den Vertragsabschluß verzichten. Bezüglich *vorzeitiger Vertragsauflösung* und der damit verbundenen Übertragung der Liegenschaft ins Eigentum des Leasingnehmers bestehen verschiedene Modelle. Bei einzelnen Gesellschaften ist es möglich, das Kaufrecht ab dem dritten Vertragsjahr, bei anderen erst nach dem fünften Vertragsjahr zum Restwert auszuüben. Erst die Zahlung einer besonderen Prämie ermöglicht eine vorzeitige Übernahme. Zudem ist darauf zu achten, daß das Kaufrecht öffentlich beurkundet wird. Nach *Vertragsablauf* muß der Leasingnehmer entscheiden, ob er die Liegenschaft zum Restwert übernehmen oder ob er mit der Leasinggesellschaft einen Anschlußleasingvertrag abschließen soll. Bei der früheren oder späteren Übernahme der Liegenschaft steht dem Leasingnehmer der gesamte während der Vertragsdauer angewachsene Sachwertgewinn allein zu.

Sonderform Sale and lease back: Es bleibt noch diese Sonderform des Immobilienleasings zu erwähnen, bei welcher der zukünftige Leasingnehmer die in seinem Eigentum befindliche Liegenschaft an die Leasinggesellschaft verkauft und gleichzeitig einen Leasingvertrag abschließt. Ausgangspunkt für diese Vertragsform sind oftmals Probleme bezüglich Liquidität und Bilanzverhältnisse. Sale-and-lease-back-Verträge sind daher im Rahmen einer umfassenden Unternehmungsfinanzierung zu betrachten und müssen auch steuerliche Aspekte beinhalten.

Mit dem Abschluß eines Immobilienleasing-Vertrages kann eine finanziell angeschlagene oder falsch strukturierte Unternehmung keinesfalls saniert werden. Der Zusammenbruch von nicht lebensfähigen Firmen kann durch das Leasing nur verzögert, in der Regel aber nicht verhindert werden.

Im Anhang (Abschnitt 8.2.3) ist je ein *Beispiel* eines Mobilien- und Immobilien-Leasinggeschäftes wiedergegeben.

Vor- und Nachteile beim Leasing
Das Leasing hat folgende Vorteile:
- Der Unternehmer gelangt ohne Eigenkapital in den Besitz von Produktionsmitteln («Nutzung ist wichtiger als Eigentum»)
- Die Güter müssen nicht vorfinanziert werden («pay as you earn»)
- Erhöhte Liquidität (vor allem am Anfang der Laufzeit)
- Flexible Vertragsformen
- Geringes technisches Risiko (Garantie und Service beim direkten Leasing)
- Steuerersparnisse (Leasingzinsen gehen über Aufwandkonto, ohne Rück-

sicht auf gesetzliche Abschreibungssätze). Vermögenssteuer zu Lasten der Leasinggesellschaft, da keine Bilanzierungspflicht beim Leasingnehmer
- Höheres Ansehen der Unternehmung durch modernere Betriebsausstattung
- Kalkulierbare und konstante Kosten während der Vertragsdauer.
Diesen Vorteilen stehen *entgegen:*
- Höhere Kosten bei höheren mittelfristigen Geldmarktsätzen. Die *effektiven* Zinssätze lassen sich aus der Tabelle ablesen (nach C. J. Gmür), wobei gilt:
- Monatsmieten in % des Kaufpreises
- Amortisation von 99% während der Leasingdauer; d. h. Restwert 1%
- vorschüssig kalkuliert.

36 Monate	48 Monate	60 Monate	72 Monate	Zinssatz % p. a.
2.959	2.275	1.865	1.592	5.00
2.970	2.286	1.876	1.603	5.25
2.980	2.296	1.887	1.615	5.50
2.991	2.307	1.898	1.626	5.75
3.002	2.318	1.909	1.638	6.00
3.013	2.329	1.921	1.649	6.25
3.023	2.341	1.932	1.661	6.50
3.034	2.352	1.943	1.672	6.75
3.045	2.363	1.955	1.684	7.00
3.056	2.374	1.966	1.696	7.25
3.067	2.385	1.978	1.707	7.50
3.077	2.396	1.990	1.719	7.75
3.088	2.407	2.001	1.731	8.00
3.099	2.419	2.012	1.743	8.25
3.110	2.430	2.024	1.755	8.50
3.121	2.441	2.036	1.767	8.75
3.132	2.453	2.047	1.779	9.00
3.143	2.464	2.059	1.791	9.25
3.154	2.476	2.071	1.803	9.50
3.165	2.487	2.083	1.815	9.75
3.176	2.498	2.094	1.827	10.00
3.187	2.510	2.106	1.839	10.25
3.199	2.521	2.118	1.852	10.50
3.210	2.533	2.130	1.864	10.75
3.221	2.545	2.142	1.876	11.00
3.232	2.556	2.154	1.889	11.25
3.243	2.568	2.166	1.901	11.50
3.254	2.579	2.178	1.914	11.75
3.266	2.591	2.190	1.926	12.00

- Erhöhung der fixen Kosten vermehrt die Konjunkturanfälligkeit
- Der Liquiditätsvorteil besteht nur in den ersten Jahren, danach entsteht ein Liquiditätsnachteil

- Durch die Vorwegnahme der Selbstfinanzierung besteht die Gefahr der Überinvestition wegen Überschätzung der eigenen Ertragskraft
- Abhängigkeit vom Vermieter.

Leasing ist somit empfehlenswert:
- bei Liquiditätsknappheit
- wenn die Kapazitätsauslastung gewährleistet ist
- bei niedrigem oder unsicherem Restwert (schnellem technischem Fortschritt)
- bei hohen internen Ertragssätzen
- wenn die Serviceleistung dominierend ist (Herstellerleasing)
- in stark expandierenden jungen Betrieben
- wenn bei Vertragsabschluß gerade eine günstige Leasinggebühr infolge tiefer Geldmarktsätze angewandt wird, die während der Laufzeit (auch bei steigenden Zinsen) konstant bleibt.

5.6.3 Betriebliche Maßnahmen

Finanzierungsersatz kann auch durch eine Vielzahl von betrieblichen Maßnahmen sichergestellt werden, wie
- Ertragsverbesserung
- Kostensenkung durch Rationalisierung
- Verschiebung von Investitionen
- Verzicht auf Anschaffungen von Anlagen
- Desinvestitionen
- temporärer Einkaufsstopp usw.

Weitere Details und Denkanstöße siehe Abschnitt 4.3 und bei W. Hürlimann: Finanzmittelbeschaffung.

5.7 Die zweckmäßige Finanzierung

Die Finanzierung einer Unternehmung ist zweckmäßig, wenn sie möglichst viele der folgenden *Anforderungen* erfüllt:
- ausreichende Liquidität
- optimale Rentabilität resp. Wirtschaftlichkeit
- sichergestellte Verfügungsmacht/Schutz vor Überfremdung
- ausreichende Sicherheit resp. Risikominderung
- zukünftige Umsatz- und Gewinnsituation ist berücksichtigt
- angemessene Sicherheiten für erhaltene Kredite
- möglichst tiefe Zinskosten.

Während die Verfügungsmacht über die Unternehmung stark von der Wahl der Finanzierungsform abhängt, wird die Rentabilität vom Finanzierungsverhältnis beeinflußt. Die Sicherheit der Finanzierung kann mit sog. Finanzierungsregeln überprüft werden.

5.7.1 Finanzierung und Rentabilität

Um den Einfluß des Finanzierungsverhältnisses auf die Rentabilität des Eigenkapitals feststellen zu können, gehen wir von einem *Beispiel* aus, dem folgende Annahmen zugrunde liegen:
- Es existieren drei Unternehmungen, A, B, C, mit verschiedenen Fremdkapitalanteilen:
  A = 10%
  B = 50%
  C = 90%.
- Es wird die Rentabilität des Eigenkapitals berechnet für drei Fälle, und zwar, wenn die
  • Rentabilität des Gesamtkapitals = 12% (Fall 1)*
  • Rentabilität des Gesamtkapitals = 8% (Fall 2)*
  • Rentabilität des Gesamtkapitals = 4% (Fall 3)*.
- Die Fremdkapitalkosten betragen in jedem Fall 8%.

* $\dfrac{\text{Gewinn vor Abzug von Zinsen und Steuern}}{\text{Total eingesetztes Kapital}} \times 100\% = \text{Rentabilität des GK}$

Die Auswirkungen auf die Rentabilität des Eigenkapitals lassen sich aus der *Tabelle* auf der nebenstehenden Seite erkennen.

Die allgemeine Formel:

$$re = rg + \frac{FK}{EK} \times (rg - rf)$$

bringt die Beziehung zwischen Finanzierung und Rentabilität zum Ausdruck, wobei gilt:

re = Rentabilität des Eigenkapitals
rg = Rentabilität des Gesamtkapitals
      (vor Zins- und Dividendenzahlungen resp. Steuern)
rf = Fremdkapitalzins
$\dfrac{FK}{EK}$ = Finanzierungsverhältnis

Beispiel	A	B	C
Fremdkapital (FK)	30 000	150 000	270 000
Eigenkapital (EK)	270 000	150 000	30 000
Gesamtkapital (GK)	300 000	300 000	300 000
Fall 1 Gewinn vor Verzinsung des Fremdkapitals (12% von GK)	36 000	36 000	36 000
Fremdkapitalkosten (8% von FK)	− 2 400	− 12 000	− 21 600
Gewinn nach Verzinsung des Fremdkapitals	33 600	24 000	14 400
Rentabilität des Eigenkapitals*	12,44%	16%	48%
Fall 2 Gewinn vor Verzinsung des Fremdkapitals (8% von GK)	24 000	24 000	24 000
Fremdkapitalkosten	− 2 400	− 12 000	− 21 600
Gewinn nach Verzinsung des Fremdkapitals	21 600	12 000	2 400
Rentabilität des Eigenkapitals*	8%	8%	8%
Fall 3 Gewinn vor Verzinsung des Fremdkapitals (4% von GK)	12 000	12 000	12 000
Fremdkapitalkosten	− 2 400	− 12 000	− 21 600
Gewinn nach Verzinsung des Fremdkapitals	9 600	0	− 9 600
Rentabilität des Eigenkapitals*	3,56%	0%	− 32%

$$* \quad \frac{\text{Nettogewinn}}{\text{Eigenkapital}} \times 100 = \text{Rentabilität des EK}$$

Die nachfolgende *Tabelle* gibt an, wie hoch bei einem Fremdkapitalzinsfuß von 5% sich die *Eigenkapitalrentabilität* je nach Finanzierungsverhältnis einstellt:

Rentabilität des Gesamtkapitals	Finanzierungsverhältnis FK : EK		
	1 : 9	1 : 1	9 : 1
20	re = 22%	35%	155%
10	11%	15%	55%
5	5%	5%	5%
0	− 1%	− 5%	−45%
− 5	− 6%	−15%	−95%

Aus dem Beispiel und aus der Formel geht hervor, daß die Rentabilität nicht nur von der absoluten Höhe des Kapitaleinsatzes, sondern auch vom Finanzierungsverhältnis abhängt, d. h. von der Relation des Fremdkapitals zum Eigenkapital. Die Zweckmäßigkeit dieses Verhältnisses muß deshalb ständig überprüft werden. Es zeigt sich, daß die *Rentabilität des Eigenkapitals mit steigendem Fremdkapital zunimmt, wenn die Rentabilität des Gesamtkapitals höher ist als der Zinsfuß des Fremdkapitals.* Umgekehrt liegen die Verhältnisse, wenn der Zinsfuß des Fremdkapitals über der Rentabilität des Gesamtkapitals liegt. In diesem Falle bewirkt ein steigender Fremdkapitalanteil eine Abnahme der Rentabilität des Eigenkapitals.

Der Finanzchef kann daraus folgende Schlüsse ziehen:
- *Bei guter Ertragslage* seiner Unternehmung wächst die Eigenkapitalrentabilität bei steigender Rentabilität des Gesamtkapitals um so weniger, je höher der Eigenkapitalanteil ist; die Eigenkapitalrentabilität wächst um so mehr, je größer der Fremdkapitalanteil ist, so daß sich in dieser Situation eine Fremdfinanzierung innerhalb vernünftiger Grenzen durchaus positiv auswirkt.
- *Bei schlechter Ertragslage* dagegen gestaltet sich die Situation seiner Unternehmung um so bedrohlicher, je stärker sie verschuldet ist. Hohe Zinslasten mindern gerade unter solchen Umständen die Rentabilität der Unternehmung. Je höher die Zinslast ist, um so geringere Abschwächungen der geschäftlichen Entwicklung genügen, um die Eigenkapitalrentabilität zu vermindern, u. U. sogar die Unternehmung mit Verlust arbeiten zu lassen.

5.7.2 Finanzierungsregeln

Sogenannte Regeln für eine sichere Finanzierung halten nicht immer einer wissenschaftlichen Überprüfung stand. Hingegen sind sie in der Praxis sehr populär und geben doch *einen* Hinweis über die Zweckmäßigkeit der Finanzierung. Die wichtigsten Regeln lauten:
- Die Fristen der verschiedenen Kapitalien müssen mit der Dauer der Bindung der Vermögensmittel übereinstimmen (= *Fristenkongruenz* zwischen Fälligkeit der Kapitalien und Bindung der Vermögensmittel) = *goldene Finanzierungsregel.*
- Finanzierung gemäß goldener Bilanzregel:

Anlagevermögen + eiserne Bestände des Umlaufsvermögens	$\approx$	Eigenkapital und langfristiges Fremdkapital
Umlaufsvermögen	$\approx$	Kurz- und mittelfristiges Fremdkapital

- Für *wertgefährdete und risikobelastete Vermögensteile* (AV und UV) sollte das Kapital immer durch *Eigenfinanzierung* aufgebracht werden. Je risikobehafteter die Unternehmung ist, desto höher soll die Eigenkapitalausstattung sein (= Risikobedingung).
- *Fremdfinanzierung* kommt in Frage, wenn das Kapital der Unternehmung so lange zur Verfügung steht, bis die Investition völlig abgeschrieben ist (= *Fälligkeitsbedingung).*

– Hohe *Fremdfinanzierung* ist angebracht, wenn der Gewinn, der durch den Einsatz der angeschafften Vermögensmittel erzielt wird, immer höher ist als die Kosten des benötigten Fremdkapitals *(= Rentabilitätsbedingung)*.
– Die *Liquiditätsreserve* (freies UV) soll durch *langfristiges FK* ermöglicht werden *(= Liquiditätsbedingung)*.
– Das für die Beschaffung des *übrigen UV* benötigte Kapital wird durch *kurzfristige Fremdfinanzierung* aufgebracht.
  Diese Regeln können durch gewisse Finanzkennzahlen überprüft werden (vgl. Abschnitt 7.3).

Strukturgerechte Finanzierung verschiedener Vermögensposten
Quelle: A. Hauss: Die Frage von Investitionen kleinerer und mittlerer Industrieunternehmungen.

Vermögenspositionen	Eigen-kapital	Fremdkapital		
		lang-fristig	mittel-fristig	kurz-fristig
– Grundstücke	x	x		
– Gebäude	x	x		
– Maschinen, maschinelle Anlagen	x	x	x	
– Werkzeuge, Betriebsausstattung	x	x	x	
– Beteiligungen	x	x		
– Roh-, Hilfs-, Betriebsstoffe		x	x	x
– Halbfabrikate	x	x		
– Fertigfabrikate			x	
– Anzahlungen		x	x	
– Forderungen aufgrund von Warenlieferungen und Leistungen			x	x
– Forderungen mit Beteiligungscharakter	x	x		
– Sonstige Forderungen		x	x	x
– Wertpapiere des Umlaufsvermögens			x	x
– Flüssige Mittel				x

In der Praxis zeigt sich, daß besondkers im alteingesessenen Gewerbebetrieb die Tendenz besteht, die aufgestellten Forderungen in der Art und Weise *überzuerfüllen,* als mehr Eigenkapital als notwendig in der Unternehmung eingesetzt wird. Vom Standpunkt der Sicherheit aus mag dies durchaus gerechtfertigt sein, nicht unbedingt aber aus der Sicht der Rentabilität.

6. Besondere Finanzierungsaspekte im Klein- und Mittelbetrieb

6.1 Finanzstruktur und Selbstfinanzierung

6.1.1 Finanzstruktur im Klein- und Mittelbetrieb

Untersuchungen des Autors über die Finanzstruktur von über 150 Klein- und Mittelbetrieben in Erfa-Gruppen wiesen im Jahre 1995 folgende Werte auf (in % der bereinigten Bilanzsumme):

| | Ausgewiesenes Eigenkapital | Stille Reserven | Effektives Eigenkapital | |
			Mittelwerte	Quartilswerte
Schreinerbetriebe	16%	21%	37%	31–48%
Malerbetriebe	21%	20%	41%	32–50%
Bäcker-Konditoreien	11%	22%	33%	18–55%
Gartenbaubetriebe	29%	26%	55%	46–73%
Holzbaubetriebe	11%	32%	43%	21–72%

Diese Zahlen offenbaren eine relativ *knappe, z.T. ungenügende Dotierung der Gewerbebetriebe mit Eigenkapital,* dessen Anteil sich in den letzten Jahren verkleinert hat. Insbesondere das ausgewiesene Eigenkapital in % der unbereinigten Bilanzsumme weist im Zeitablauf eher sinkende Tendenz auf. Aus den erwähnten Erfa-Gruppen sind einzelne Betriebe mit 100% Fremdkapital bekannt. Dabei ist die *Existenzgrundlage* der gewerblichen Klein- und Mittelbetriebe das Vorhandensein ausreichender eigener Mittel.

Das Verhältnis Eigen-/Fremdkapital ist bei vielen gewerblichen Klein- und Mittelbetrieben nicht ausgewogen. Einerseits finden sich junge, mit eigenen Mitteln chronisch knapp dotierte Betriebe, anderseits gibt es seit Generationen bestehende Unternehmungen, die oft zu reichlich mit Eigenkapital ausgerüstet sind, was wiederum auf die Rendite drückt.

Beeinflußt wird die Finanzstruktur u. a. auch durch die Schwierigkeit, Kredite zu erhalten:
– Bankkredite oft nur gegen sachliche Sicherheiten
– Lieferantenkredite sind sehr teuer (Skonti!)
– Beteiligungsfinanzierung beschränkt oder unerwünscht.

6.1.2 Bedeutung der Selbstfinanzierung

Für Klein- und Mittelbetriebe, bei denen die Steigerung des Kapitalbedarfes Finanzierungsengpässe auftreten läßt, hat die *Selbstfinanzierung* eine *überragende Bedeutung* erlangt. Sie ist die Grundlage für ein gesundes und kontinuierliches Wachstum. Die *Arten* der Selbstfinanzierung sind im Abschnitt 5.2.1 aufgeführt. Die Vor- und Nachteile der Selbstfinanzierung sind:

Vorteile	Nachteile
– unabhängig von der Rechtsform der Unternehmung realisierbar – vorhandene Sicherheiten bleiben voll erhalten – wichtigste Voraussetzung für Wachstum der Unternehmung – keine Finanzierungskosten und Zinsausgaben – verstärkte Unabhängigkeit der Unternehmung – erhöhte Kreditwürdigkeit – Kapitalmarkt muß nicht beansprucht werden.	– es muß Gewinn vorhanden sein (kommt nicht in Frage bei der Gründung und bei schlechtem Geschäftsgang) – Gewinn entsteht nicht unbedingt bedürfniskonform; Selbstfinanzierung garantiert nicht, daß zu einem bestimmten Zeitpunkt genügend Kapital für z. B. eine Investition vorhanden ist – evtl. Gefahr der Kapitalfehlleitung (Gewinn wird aus Prinzip statt aus echtem Bedürfnis zurückbehalten, Folge: sinkende Rentabilität) – bei der stillen Selbstfinanzierung besteht die Gefahr, daß der Unternehmer den Überblick über die stillen Reserven verliert.

Beste *Voraussetzung* für die Selbstfinanzierung ist wiederum das Vorhandensein einer ausreichenden Eigenkapitalbasis, und zwar aus folgenden Gründen:
- Das Eigenkapital ist die Grundlage zur Selbstfinanzierung
- Höhere Liquidität, da das Eigenkapital nie fällig wird
- Unabhängigkeit von Kapitalgebern (Einzelunternehmung, Familien-Aktiengesellschaft)
- Keine festen Zinsausgaben für Fremdkapital
- Risikopolster bei Verlusten
- Voraussetzung für Fremdfinanzierung und Kreditgewährung.

6.1.3 Gewinnausschüttungspolitik

Die Gewinnausschüttungspolitik der Klein- und Mittelbetriebe wird nicht nur durch die betriebliche Notwendigkeit, sondern auch durch die privaten Absichten und Bedürfnisse des oder der Geschäftsinhaber beeinflußt.

Dabei zeigt sich, daß vor allem die persönliche Beziehung des einzelnen Eigenkapitalgebers zur Unternehmung einen Einfluß auf das von ihm gewünschte Verhältnis zwischen zurückbehaltenem und ausgeschüttetem Gewinn ausübt.

Bei der *Einzelunternehmung* bereitet der Entscheid über das Ausmaß der Selbstfinanzierung keine großen Schwierigkeiten. Er wird vom Unternehmer als Eigentümer des Betriebes selbständig und unabhängig gefällt. Der Einzelunternehmer ist in seiner Entscheidung nur insoweit eingeschränkt, als der Betrieb normalerweise seine einzige Einkommensquelle darstellt, und er aus den Einkünften den Lebensunterhalt seiner Familie bestreiten muß. Da aber sein wichtigstes Anliegen in der Regel in der Konsolidierung oder in der Erweiterung seines Betriebes besteht, dem er meistens seine persönlichen Wünsche unterordnet, wird er sich in der Mehrzahl der Fälle für eine ausreichende Selbstfinanzierung seiner Unternehmung entschließen. Anderseits sind auch Fälle bekannt, wo Unternehmer jahrelang ihren Betrieben die Mittel zur Erneuerung entzogen, so daß sich kein Nachfolger finden ließ.

Bei der *Kollektivgesellschaft* liegen die Verhältnisse ähnlich wie bei der Einzelunternehmung, mit dem Unterschied allerdings, daß der Entscheid durch mindestens zwei Personen gefällt werden muß. Da ihre Interessen im Hinblick auf die Zukunft der Unternehmung nicht kollidieren, werden auch bei dieser Rechtsform die Bedürfnisse des Betriebes im Vordergrund stehen. Probleme können sich allerdings dann ergeben, wenn die einzelnen Gesellschafter sich über den auszuschüttenden Teil des Gewinns nicht einig werden.

Um der Unternehmung eine ausreichende Selbstfinanzierung zu sichern, empfiehlt es sich, die Gewinnausschüttungspolitik im voraus im *Gesellschaftsvertrag* zu regeln. Dabei sollten nicht nur die Ausschüttungsquote, sondern auch die wichtigsten Bewertungsgrundsätze festgelegt werden, da die Höhe des Gewinns wesentlich von der Bewertung des Vermögens abhängt.

Bei der *Kommanditgesellschaft* bestehen hinsichtlich der Gewinnausschüttungspolitik nicht selten entgegengesetzte Auffassungen: Der oder die Komplementäre haben in der Regel die langfristige Entwicklung der Unternehmung im Auge und befürworten deshalb eine umfassende Selbstfinanzierung, während die Kommanditäre eher kurzfristige Ziele verfolgen und der Unternehmung möglichst viel an Gewinnen entziehen möchten.

Bei der *Aktiengesellschaft* liegen die Verhältnisse insofern anders, als bereits durch das Gesetz eine minimale Selbstfinanzierung bei der Ausrichtung von Dividenden vorgeschrieben wird. Darüber hinaus können die Statuten die Bildung weiterer Reserven vorsehen, während über die Verwendung des verbleibenden Gewinnrestes die Generalversammlung Beschluß fassen muß.

Je nach Typ der Aktiengesellschaft wird der Beschluß über die Gewinnverwendung anders ausfallen. Der Inhaber einer *Einmann-Aktiengesellschaft* wird etwa die gleichen Überlegungen anstellen müssen wie der Eigentümer einer Einzelunternehmung.

Bei der *Familien-Aktiengesellschaft* liegen die Verhältnisse in der ersten Generation ähnlich wie bei einer Kollektivgesellschaft. Mit zunehmendem Alter und als Folge von Erbteilungen bilden sich hingegen mit der Zeit häufig zwei verschiedene Aktionärsgruppen: eine erste, die in der Unternehmung mitarbeitet, und eine zweite, die den Kontakt zur Unternehmung mehr und mehr verloren hat. Diese zweite Gruppe ist nicht unbedingt auf eine langfristige Entwicklung der Unternehmung bedacht und wird unter Umständen versuchen, möglichst hohe Dividenden zu beziehen (vgl. auch

Abschnitt 5.4.3). Hier empfiehlt sich der Abschluß ausgewogener *Aktionärbindungsverträge* (Beispiel unter Abschnitt 8.3.2).

6.2 Gewerbliches Bürgschaftswesen

6.2.1 Grundsätzliches

Das gewerbliche Bürgschaftswesen beruht auf der Existenz der Bürgschaftsgenossenschaften. Es handelt sich dabei um Institute, die das Gewerbe mit der Gewährung von Bürgschaftskrediten fördern wollen und dazu auf der Selbsthilfe der Gewerbebetriebe und der Verbände aufbauen. Ein *Adreßverzeichnis* der entsprechenden Organisationen befindet sich im Anhang (Abschnitt 8.1.4).

Ihre Hauptaufgabe ist es, Bürgschaften gegenüber den Banken zu übernehmen, um so eine Kreditnahme für Gewerbebetriebe zu ermöglichen, die bankübliche Sicherheiten nicht im erforderlichen Umfange stellen können. Bürgschaften werden *gewährt* für:
- die Übernahme eines Betriebes zur Finanzierung von Warenlager, Maschinen und Betriebseinrichtungen, Betriebskapital usw.
- den Kauf einer Liegenschaft zur Standortsicherung
- Baugarantien und Werkkautionen
- den Aus- oder Umbau einer Geschäftsliegenschaft
- die Erneuerung und Rationalisierung eines Betriebes
- Betriebsübergaben zur Lösung der Nachfolge
- die Überbrückung von Liquiditätsschwierigkeiten
- Sanierungen (in Ausnahmefällen).

Im Einzelfall können Bürgschaften bis zu Fr. 450 000.– gewährt werden, nämlich
- Fr. 150 000.– durch die kantonal zuständige gewerbliche Bürgschaftsgenossenschaft
- Fr. 300 000.– von der Schweizerischen Bürgschaftsgenossenschaft für das Gewerbe (GBG).

Für Klein- und Mittelbetriebe in Berggebieten kann die GBG Kredite bis zu Fr. 500 000.– verbürgen. In verschiedenen Kantonen können überdies dank der kantonalen Wirtschaftsförderung zusätzlich zu den Fr. 450 000.– noch Fr. 100 000.– verbürgt werden für Gesuchsteller, die nicht im Gebiet für Berghilfebürgschaften wohnen.

Bürgschaften werden gestellt für Inhaber bestehender Betriebe, also Einzelfirmen, einfache Gesellschaften, Personengesellschaften, nicht aber für Private.

6.2.2 Voraussetzungen und Bedingungen zur Bürgschaftsgewährung

Voraussetzungen
- Der Gesuchsteller muß – neben einem einwandfreien persönlichen Ruf –

eine gute fachliche Ausbildung besitzen und fähig sein, ein eigenes Geschäft zu führen.
– Der zu finanzierende Betrieb soll eine angemessene Existenz bieten.

Bedingungen
– Der Bürgschaftsnehmer hat eine geordnete Buchhaltung zu führen und der Bürgschaftsgenossenschaft jährlich eine Kopie des Abschlusses zuzustellen. Wer beim Abschluß der Bürgschaft noch keine Buchhaltung besitzt, muß eine von der Bürgschaftsgenossenschaft anerkannte Buchhaltungsstelle damit beauftragen.
– Die verbürgten Darlehen und Kredite sind zu den üblichen Sätzen der Bank zu verzinsen und in der Regel innert 10 Jahren zurückzubezahlen.

Kosten einer Bürgschaft
Jedes Gesuch wird im Interesse des künftigen Bürgschaftsnehmers eingehend geprüft. Die dabei entstehenden Gesuchprüfungskosten – etwa 700 bis 1000 Franken – gehen zu Lasten des Gesuchstellers.

Für die Dauer der Bürgschaftsgewährung wird eine Bürgschaftsprovision von $1/2$–1% auf der Ende des Kalenderjahres geschuldeten Summe erhoben. Je nach Bürgschaftsgenossenschaft wird diese in einem Betrag für die ganze Dauer der Bürgschaft oder jährlich erhoben.

6.2.3 Vorgehen zur Erlangung einer Bürgschaft

a) Abklärung der *Bedingungen* durch den Gesuchsteller für eine Geschäftsübernahme oder eine Geschäftseröffnung (Expertisen, Standortanalysen, Offerten, Bankbesuch)
b) Anmeldung bei der *regionalen* Bürgschaftsgenossenschaft (Bürgschaftsgesuch)
c) Bereitstellung der *Unterlagen* für den Bürgschaftsprüfer, wie
   – Buchhaltung für bestehende Betriebe
   – Budgets
   – Finanzierungsplan
   – Grundbuchauszüge, wenn Liegenschaftskauf
   – Bankofferten für Vorgangsfinanzierungen
   – Pläne für Neu- und Umbauten
   – Kostenvoranschläge
   – Abmachungen mit privaten Geldgebern (Lieferanten, Ölfirmen, Brauereien, Mühlen, Verwandte oder Bekannte).
d) *Betriebsanalyse*
   Der Bürgschaftsprüfer erstellt eine Betriebsanalyse und den eigentlichen Rapport mit Antrag auf Bewilligung oder Nichtbewilligung. Dazu wird eine Betriebsbesichtigung und ein vertrauliches Gespräch mit dem Gesuchsteller und der kreditgebenden Bank durchgeführt.
e) *Entscheid*
   Aufgrund des Rapports entscheidet der Geschäftsausschuß der jeweiligen Bürgschaftsgenossenschaft über die Bewilligung eines Gesuches.

Im Fall eines positiven Entscheides erfolgt die Plazierung der Bürgschaft:
- Erstellen des Bürgschaftsvertrages
- Ordnung der Sicherheiten
- Inkraftsetzung der Bürgschaft
- Beanspruchung des Kredites durch den Bürgschaftsnehmer.

Im *Anhang* (Abschnitt 8.2.4) ist ein *Praxisbeispiel* wiedergegeben.

6.3 Zusammenarbeit mit der Hausbank

Die Bankwirtschaft befindet sich in einem Strukturwandel. Die Anzahl der Banken in der Schweiz sank zwischen 1989 und 1995 von 630 auf 500. Die Zinskonventionen sind weitgehend gefallen. Dies und der anhaltende Rückstellungsbedarf im Kredit- und Immobilienbereich zwangen die Banken zum Umdenken. In der Folge wurden verursachergerechte Gebühren eingeführt und die Grundlagen des Kreditgeschäfts angepaßt, wobei das Risikomanagement und die Informationsqualität im Zentrum stehen.

6.3.1 Notwendige Geschäftsinformationen

Im Rahmen der oben erwähnten Maßnahmen nimmt die Informationspflicht gegenüber den Banken einen neuen Stellenwert ein. Der Informationsbedarf läßt sich in drei Kategorien einteilen: Basisinformationen, kreditnehmerbezogene und kreditartenbezogene Informationen:

Notwendige Geschäftsinformationen	Kreditnehmerbezogene Informationen				Kreditartenbezogene Informationen					
	Aktiengesellschaften	Personengesellschaften	Baukonsortien / Immobilienfirmen / Liegenschaftenpromotoren	Firmengruppen	Bürgschaftskredit (privater Bürge)	Bürgschaftskredit (Firmenbürge)	Investitionskredit / Expansionsfinanzierung	Akquisitionsfinanzierung / Management Buyout / Nachfolgeregelung	Baukredite	Hypothekarkredite
Neutrale Drittinformationen von Auskunfteien, Gemeinden, Betreibungs- und Steuerämtern zur Firma oder Person	●	●	●	●	●	●	●	●	●	●
Firmenporträt	●	●	●	●	●	●	●	●	●	●
Abschlußzahlen	●	●	●	●						●
Revisionsberichte	●		●	●		●				
Budgets	●	●	●	●			●			●
Übersicht über bestehende Banklimiten	●	●	●	●						
Privater Vermögensstatus		●			●					●
Liegenschaftenstati mit Tragbarkeitsberechnung			●							
Beteiligungsverhältnisse				●						
Konsolidierte Abschlußzahlen				●				●		
Konsolidierte Budgets				●				●		
Revisionsberichte der wichtigsten Tochtergesellschaften				●						
Unterlagen zum Investitionsprojekt							●			
Investitionsrechnung							●			
Sensitivitätsanalysen							●			
Unternehmensbewertung								●		
Kaufpreis								●		
Konsolid. Zahlen nach der Übernahme								●		
Busineß-Plan								●		
Verträge								●		
Ortsplan/Situationsplan/Zonenplan									●	
Grundbuchauszug									●	
Baubewilligung									●	
Baupläne/Baubeschrieb									●	
Kostenvoranschlag m. kubischer Berechn.									●	
Projektschatzung									●	
Finanzplan									●	
Tragbarkeitsnachweis									●	
Schatzungsbericht (interne/ext. Experten)										●
Mieterspiegel bei Renditeobjekten										●

6.3.2 Neue Instrumente

Um den gestiegenen Informationsbedarf der Bank abdecken zu können, werden z.T. neue, für KMU vielfach unbekannte Instrumente verlangt. Nachfolgend werden zwei wichtige Instrumente erläutert.

a) Busineß-Plan

Ein Busineß-Plan zeigt die mittelfristigen Entwicklungsmöglichkeiten (3 bis 5 Jahre) einer Unternehmung auf, meistens bezogen auf ein konkretes Projekt. Dabei sollten die Stärken und Schwächen, die Risiken sowie die Finanzierung des Vorhabens aufgezeigt werden.

Da die Kreditgeber jede Woche eine Vielzahl von Geschäftsplänen erhalten, haben Gesuche mit einem klaren Aufbau und einer sauberen Darstellung eine größere Chance, überhaupt einer engeren Überprüfung unterzogen zu werden. Halten Sie den Geschäftsplan kurz und übersichtlich (10 bis 30 Seiten). Unterscheiden Sie klar zwischen Tatsachen und Plänen und begründen Sie Ihre Annahmen über die Zukunft.

Checkliste Busineß-Plan:

a) Zusammenfassung (Management Summary)
- Umschreibung des Geschäfts bzw. des Projekts
- Zusammenfassung Umsatz- und Gewinnaussichten
- Finanzbedarf und Rolle des Finanzpartners
- Hauptsächliche Risiken

b) Unternehmung
- Chronologische Firmen- oder Projektgeschichte
- Ausgangslage und geplante Schritte
- Übersicht über Produkte und Märkte
- Übersicht über Rechtsstruktur und Tochtergesellschaften
- Aktionäre und Verwaltungsräte
- Bestehende und geplante Kapitalstruktur

c) Produkte/Dienstleistungen
- Detaillierte Beschreibung der Produkte/Dienstleistungen
- Vorteile gegenüber Konkurrenzprodukten
- Vorteile aus Kundensicht
- Geplante Weiterentwicklung
- Noch vorhandene Schwachstellen
- Patent- und Markenschutz

d) Märkte
- Wichtigste Absatzmärkte und Kundengruppen (Potential, Wachstum)
- Geplante Verkaufszahlen bzw. Marktanteile (inkl. Begründung)
- Kundenliste
- Potentielle Kunden (inklusive Korrespondenz, Absichtserklärungen)
- Aussichten auf Aufträge, Auftragsbestand

e) Konkurrenz
- Liste der wichtigsten in- und ausländischen Konkurrenten mit
  - Namen, Standort, Tätigkeit; evtl. Umsatz, Gewinn, Mitarbeiter
  - Produktevergleich, Stärken und Schwächen
  - Erkennbare Strategien und mögliche Konkurrenzreaktionen

f) Marketing
- Zielmärkte und Kundengruppen
- Absatzkanäle, Absatzorganisation In- und Ausland
- Marktbearbeitung, Werbung, Verkaufsförderung
- Kaufentscheidungsprozeß beim Kunden, Kaufhindernisse

g) Herstellung und Betrieb
- Ablauf des Produktionsprozesses
- Produktionsanlagen und Infrastruktur
- Kapazitäten und Engpässe
- Durchlauf- und Lieferzeiten
- Lager und Beschaffung
- Lieferanten und Auswärtsvergabe
- Herstellkosten und Kalkulation

h) Organisation und Management
- Aufbauorganisation (Organigramm Ist und Soll)
- Verantwortlichkeiten, Ausbildung und Berufserfahrung des Management-Teams
- Personalplanung

i) Finanzielle Angaben
- Bilanzen und Erfolgsrechnungen der letzten 2–3 Jahre
- Planerfolgsrechnungen für die nächsten 3–5 Jahre
- Finanzplan (Finanzbedarf, Plan-Liquiditätsrechnung) für die nächsten 3–5 Jahre
- Planbilanzen für die nächsten 3–5 Jahre

k) Anhang/Beilagen
- Prospekte der Unternehmung und der Produkte
- Relevante Artikel aus Zeitschriften
- Produkt-, Markt- und Konkurrenzanalysen
- Pläne, Organigramme usw.

b) Investitionsrechnung

Das Ziel einer Investitionsrechnung ist, aufzuzeigen, welchen Beitrag ein Investitionsprojekt zum zukünftigen Unternehmungserfolg liefern wird. Daß bei einem Investitionsentscheid auch nicht-monetäre Faktoren, wie Garantie, Service, Tradition, Betriebssicherheit usw. berücksichtigt werden müssen, ist selbstverständlich.

In einer Umfrage bei 46 der größten industriellen Unternehmungen der Schweiz wurden folgende Bedeutungen der Methoden festgestellt:

Anwendungshäufigkeit	absolut	in %	dynamisch	statisch
Pay-back-Methode	42	93,4		×
Methode des internen Ertragssatzes	29	64,4	×	
Gegenwartswert-Methode	19	42,2	×	
Statische Rendite	7	15,6		×
Annuitätenmethode	2	4,4	×	

In den meisten Firmen werden Methodensets, meistens zwei oder drei verschiedene Methoden, verwendet.

Wegen ihrer einfachen Handhabung ist die *Pay-back-Methode* sehr beliebt. Man erkennt aber auch die große Bedeutung der dynamischen Methoden. Die statischen Methoden sind ungenauer als die dynamischen Methoden, weil sie den Zeitwert des Geldes vernachlässigen.

Beispiel Pay-back-Methode:
Die Investitionssumme für eine neue Maschine beträgt Fr. 50000.–, die Nutzungsdauer 10 Jahre, der jährliche Nutzen (Bareinnahmen) Fr. 10000.–.
In wie vielen Jahren fließt die investierte Geldsumme zurück?

$$R = \frac{I}{G} = \frac{50\,000.-}{10\,000.-} = 5 \text{ Jahre}$$

R = Rückzahlungsfrist (in Jahren)

I = Investitionsbetrag

G = Jährlicher Nutzen

Die Investition zahlt sich bereits nach 5 Jahren aus, kann jedoch 10 Jahre genutzt werden.

Der größte Nachteil dieser Methode besteht darin, daß man lediglich die Rückzahlungsfrist, nicht aber die Rendite erhält.

Beispiel Gegenwartswert-Methode:
Bei einer Investition von Fr. 100000.– rechnet man mit jährlichen Bareinnahmen von je Fr. 38000.– in den nächsten drei Jahren. Lohnt sich die Investition, wenn eine Minimalrendite von 10% erwartet wird?

	Jahr	Betrag	Gegenwartswert für Fr. 1.– zu 10%	Gegenwartswert total
Investitionssumme	0	100000	1	100000
Bareinnahmen	1	38000	0.909	34542
	2	38000	0.826	31388
	3	38000	0.751	28538
Wert der Bareinnahmen		114000		94468
Differenz		**14000**		**–5532**

Obschon die Bareinnahmen die Investitionssumme übertreffen, zeigt der diskontierte Gegenwartswert, daß sich die Investition nicht lohnt!

c) Finanz- und Liquiditätspläne
Die Erstellung von Finanz- und Liquiditätsplänen wurde bereits in den Kapiteln 3 und 4 behandelt.

6.3.3 Bonitätsprüfung

Bei der Bonitätsprüfung hat sich die Bank zu überzeugen, daß der Kunde den Willen und die Fähigkeit besitzt, erhaltene Kredite wieder zurückzuzahlen.

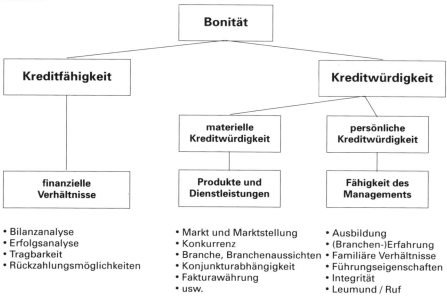

Nachfolgend sind einige Beispiele von Bonitätsprüfungen aus der Praxis der Banken dokumentiert:

Kundeneinstufung

Kunde _____ Domizil: _____

Niederlassung _____ Datum: _____

Bewertung der Kreditfähigkeit

	Werte	Einstufung	Skala	Bewertung per	Bewertung per	Bewertung per
1) Liquidität (Quick ratio) (flüssige Mittel + Forderungen) x 100 kurzfristiges Fremdkapital	> 120% 100 - 120% 80 - 100 % < 80 %	sehr gut gut befriedigend unbefriedigend	50 35 20 0			
2) Überschreitung der Kredite	Nie Selten Oft Immer	sehr gut gut befriedigend unbefriedigend	25 20 10 0			
3) Schuldendienst (Belastung der Zinsen & Amos), Probleme?	Nie Selten Oft Immer	sehr gut gut befriedigend unbefriedigend	25 20 10 0			
4) EK-Rendite (inkl. st. Reserven) Basis = Blankosatz zuzüglich ----> Reingewinn x 100 (Eigenkapital + st. Reserven)	+ > 3% + 3% + 2% + < 2%	sehr gut gut befriedigend unbefriedigend	50 35 20 0			
5) Risikoabdeckung über Eigen- kapital (Basis: SGKB + Bilanzanalyse)	> 120% 100 - 120% 80 - 100 % < 80 %	sehr gut gut befriedigend unbefriedigend	50 35 20 0			
6) Anlagedeckungsgrad II (Eigenkapital + langfr. EK) x 100 Anlagevermögen	> 110% 100 - 110% 90 - 100% < 90%	sehr gut gut befriedigend unbefriedigend	25 20 10 0			
7) Cash-flow in % der betriebs- notwendigen Abschreibungen Cash-flow x 100 betriebsnotwendige Abschreibungen	> 125% 100 - 125% 95 - 100% < 95%	sehr gut gut befriedigend unbefriedigend	100 65 35 0			
8) Verschuldungsfaktor FK - (Zahlungsmittel + Ford.) Cash-flow	< 3 3 - 4 4 - 6 > 6	sehr gut gut befriedigend unbefriedigend	25 20 10 0			
Total Kreditfähigkeit			(350)			

Bewertung der Kreditwürdigkeit

	Einstufung	Skala	Bewertung per	Bewertung per	Bewertung per
1) Führung	sehr gut gut befriedigend unbefriedigend	200 150 75 0			
2) Produkt/Technologie	sehr gut gut befriedigend unbefriedigend	150 100 50 0			
3) Markt/Kunden	sehr gut gut befriedigend unbefriedigend	100 75 50 0			
4) Branche / Konkurrenz	sehr gut gut befriedigend unbefriedigend	50 40 20 0			
5) Rechnungswesen	sehr gut gut befriedigend unbefriedigend	150 100 50 0			
Total Kreditwürdigkeit		(650)			

Gesamttotal		**(1000)**			

Einstufung   per

sehr gut / Top-Position	800-1000 Pkt.	A
gute Position	600-800 Pkt.	B
Normalposition	400-600 Pkt.	C
exponierte Position	250-400 Pkt.	D
gefährdete Position	150-250 Pkt.	E
Verlustposition	0-150 Pkt.	F

Beurteilungspunkte zur Kreditwürdigkeit

Bereich	Fragestellungen
1	Kennt das Management die Stärken und Schwächen der Unternehmung? Denkt der Unternehmer in Zeithorizonten von 3 bis 5 Jahren? Ist ein Organigramm vorhanden? Sind Aufgaben, Kompetenz und Verantwortung klar geregelt und aufeinander abgestimmt, oder gibt es häufig Kompetenzkonflikte? Hat das Management in der Vergangenheit Krisen erfolgreich bewältigt? Haben die Mitglieder des Managements anspruchsvolle Ausbildungen erfolgreich abgeschlossen? Ist die Nachfolge gesichert? Gibt es in der Geschäftsleitung überraschende Wechsel? Ist das Verhalten des Managements arrogant, selbstherrlich und geltungssüchtig?
2	Kennt das Management die Stärken / Schwächen und Wettbewerbsvorteile seines Produktes / DL? Ist die Qualität der Produkte / DL im Vergleich zur Konkurrenz besser? Wird laufend geprüft, ob Breite und Tiefe des Sortiments noch optimal sind? Hat sich das Management Gedanken über die Lebenszyklen der einzelnen Produkte gemacht? Wird kostengünstigst produziert; bestehen Rationalisierungspotentiale?
3	Kennt das Management die einzelnen Märkte und deren Attraktivität? Sind die Märkte bestimmt, auf denen die Unternehmung tätig sein will? Ist die Unternehmung von einigen Großkunden abhängig? Macht man sich Gedanken über die Zufriedenheit der Kunden?
4	Kennt das Management die Hauptkonkurrenten anhand von Stärken und Schwächen? Können bei steigenden Kosten die Preise entsprechend angepaßt werden? Ist die Unternehmung von einem oder einigen wenigen Lieferanten abhängig? Gibt es alternative Lieferquellen, oder ist es schwierig, den Lieferanten zu wechseln? Kennt das Management die wichtigsten Trends und Entwicklungen innerhalb der Branche?
5	Gibt es ein Budget? Erfolgt eine Trennung der betrieblichen von den nicht-betrieblichen Aufwänden und Erträgen? Kennt die Unternehmung eine genügend ausgebaute Kalkulation / Nachkalkulation? Erfolgt eine Liquiditätsplanung? Wird die Liquiditätssituation laufend überwacht? Besteht eine Investitionsplanung auf 3 bis 5 Jahre hinaus?

6.3.4 Der Umgang mit der Hausbank

Bei der Verhandlung mit Banken sind einige Merkpunkte zu beachten:

- Sie sind Antrag-, nicht Bittsteller.
- Konzentrieren Sie Ihre Bankbeziehungen auf maximal zwei Institute, mit denen Sie auch Umsatz tätigen.
- Wählen Sie ein Kreditinstitut, bei dem Sie sich als Partner wirklich gut aufgehoben fühlen. Bei Großbanken spielt die Person des Filialleiters bzw. des Kreditsachbearbeiters eine entscheidende Rolle.
- Pflegen Sie den Kontakt zu Ihrer Bank, indem Sie regelmäßig über Geschäftsentwicklung, Erfolge und Probleme informieren. Senden Sie notwendige Unterlagen rechtzeitig an die Bank.
- Bereiten Sie Kreditverhandlungen, insbesondere bei neuen Geschäftsbeziehungen, sorgfältig vor.
- Argumentieren Sie sachlich.
- Formulieren Sie klar und quantifiziert.
- Sprechen Sie auch über negative Aspekte.
- Holen Sie bei mittel- und langfristigen Finanzierungen mehrere Angebote ein. Beachten Sie, daß auch nur kleine Kostenunterschiede bei langen Laufzeiten und höheren Krediten bald Beträge von mehreren tausend Franken erreichen.
- Informieren Sie sich über unterschiedliche Finanzierungsarten und -möglichkeiten, sowie über den Geld- und Kreditmarkt.
- Wählen Sie einen günstigen Zeitpunkt für Ihre Verhandlungen. Legen Sie einen Zeitplan für Ihre Projekte vor, in welchem auch der Kreditentscheid der Bank berücksichtigt ist.
- Setzen Sie Ihren Kreditbedarf so hoch an, daß Sie auf jeden Fall damit auskommen. Sie bestätigen so, daß Sie planen können.
- Beweisen Sie, daß die Existenzfähigkeit Ihrer Unternehmung gesichert ist. Seien Sie stolz auf stille Reserven und decken Sie diese allenfalls gegenüber der Bank auf.
- Demonstrieren Sie Ihre Führungsinstrumente.
- Beachten Sie alle Bedingungen eines Kredites: Über Sicherheiten, Kommissionen, Kündigungsfristen sollte ebenso wie über den Zinssatz verhandelt werden.
- Achten Sie darauf, daß Ihre Kredite nicht übersichert sind. Vermeiden Sie z. B. beim Kontokorrentkredit die Übereignung erstrangiger Hypotheken an die Bank oder andere Doppelsicherheiten. Qualitativ interessante Sicherheiten müssen mit entsprechenden Konditionen honoriert werden.
- Vereinbaren Sie Festhypotheken oder feste Vorschüsse, wenn der Zinsfuß gerade günstig ist. Benützen Sie Blankokredite nur zur Abdeckung kurzfristiger Liquiditätsengpässe.
- Halten Sie sich stets an die getroffenen Abmachungen.

Banken sind geeignete Partner bei der Lösung der vielfältigen Finanz- und Liquiditätsprobleme einer Unternehmung. Die Hausbank sollte generell über die Firmenentwicklung informiert werden; dies trifft insbesondere bei sich *abzeichnenden Schwierigkeiten* zu. Banken schätzen es nicht, vor vollendete Tatsachen gestellt zu werden. Zudem kann man durch eine frühzeitige Orientierung vom Erfahrungspotential und den Spezialisten der Hausbank profitieren. Dabei sollten konkrete, zuverlässige Unterlagen sowie die eigenen Strategien und Maßnahmen zur Wiederherstellung einer ausgewogenen Finanzsituation vorgelegt werden.

6.4 Nachfolgeregelung und Geschäftsübertragung

6.4.1 Grundsätzliche Probleme der Nachfolgeregelung

Die Geschäftsübertragung – oftmals verbunden mit der Regelung der Nachfolge – ist eines der *zentralen langfristigen Probleme* in der mittleren und kleineren Familienunternehmung. Jeder Inhaber oder Hauptaktionär kommt *mindestens zweimal* mit diesem Problem in Berührung: zuerst bei seiner Übernahme eines Geschäfts und später bei dessen Übergabe an einen Nachfolger oder bei einem Verkauf an Dritte. Wird eine Geschäftsübertragung/Nachfolgeregelung gar nicht oder schlecht vorbereitet, so gelten die *Zukunftschancen* der Unternehmung als nicht optimal wahrgenommen, so daß sogar deren Existenz bedroht sein kann.

Grundsätzlich ist die Problematik bei Übernahme und Übergabe einer Unternehmung die gleiche, wobei aber die *Schwerpunkte* jeweils anders liegen. Während beispielsweise bei einer Handänderung für den Übernehmenden die *Finanzierungsfragen* überwiegen, dürften für den Übergebenden *steuerliche* und *erbrechtliche Aspekte* dominieren. In jedem Fall empfiehlt sich jedoch eine *Gesamtbeurteilung* aus der Warte *beider Parteien*.

Für den *Unternehmer*, der seine Nachfolge regeln will, geht es darum, daß sein Lebenswerk weitergedeiht und er einen sorgenfreien Lebensabend verbringen kann. Für den *Nachfolger* ist es wichtig, einen intakten, entwicklungsfähigen Betrieb zu übernehmen, und zwar zu Bedingungen, die langfristig tragbar sind und den Erfolg nicht in Frage stellen. Dieses *Spannungsfeld* (Interessenkonflikt zweier Parteien) kann nur fruchtbar bewältigt werden, wenn ein *ausgewogener Lösungsvorschlag* die Ziele beider Parteien angemessen berücksichtigt.

Für die Lösung von Geschäftsübergaben bzw. nachfolgebezogenen Unternehmungsproblemen gibt es keine Patentrezepte. Sinnvolle Lösungen können im Einzelfall nur durch das Zusammenwirken der *rechtlichen Fragen*, der *güter-* und *erbrechtlichen Aspekte*, der *betriebswirtschaftlichen* und *steuerrechtlichen Fragen* sowie unter Berücksichtigung der *menschlichen-psychologischen* Aspekte gefunden werden.

Die nachfolgenden Ausführungen erheben daher keinen Anspruch auf Vollständigkeit. Sie illustrieren aber die Vielfalt der Problemlagen und Lösungsmöglichkeiten. Wo immer möglich, werden diese Aspekte sowohl aus der Optik des Übergebers (Verkäufers) als auch des Übernehmers (Käufers) im Rahmen der Geschäftsübertragung dargestellt.

6.4.2 Beispiele von Geschäftsübergaben

Die nachfolgenden Beispiele aus der Praxis illustrieren einige *typische Problemsituationen:*

* Ein 29jähriger Mann, der seit 10 Jahren im väterlichen Betrieb arbeitet, tritt dort aus, da er sich mit seinem Vater nicht auf einen Zeitpunkt der Übernahme einigen konnte. Er gründet sein eigenes Geschäft und konkurrenziert seinen Vater erfolgreich.

* Nach dem vorzeitigen Ableben eines Unternehmers ist sein Sohn und Nachfolger gezwungen, sich massiv zu verschulden, um die Ansprüche der Miterben abgelten zu können. Die ungeregelte Übernahme belastet die Liquidität der Firma während Jahren und blockiert die Entwicklungsmöglichkeiten empfindlich.

* Ein 58jähriger, gesundheitlich etwas angeschlagener Hauptaktionär verkauft das gesamte Aktienpaket an zwei seiner Söhne im Alter von 22 und 26 Jahren. Den Verkaufspreis von über Fr. 1 Mio. stundet er nach Maßgabe der Einkommenssituation der Nachfolger. Vorteil: Der Senior kann sein Arbeitsvolumen reduzieren und aus Amortisation und Verzinsung der Darlehen den Lebensabend finanzieren. Der durch die Nachfolger neu geschaffene Geschäftswert kommt diesen vollumfänglich zu und geht nicht in eine Erbmasse.

* Bei der Analyse einer Nachfolgesituation stellt sich heraus, daß der innere Wert eines Geschäfts so hoch ist, daß dieses nie vom nachfolgenden Sohn übernommen werden könnte. Durch Schaffung von Stimmrechtsaktien und ausgewogene Verteilung der Aktien auf mehrere leitende Personen und die Personalstiftung kann die langfristige Geschäftsleitung durch den Sohn und dessen Einflußnahme gesichert werden.

6.4.3 Langfristige Vorbereitung

Alle Fachleute sind sich darin einig, daß eine Geschäftsübertragung nie zu früh an die Hand genommen werden kann. Im folgenden sind daher die wichtigsten langfristig vorzubereitenden Punkte in bezug auf Geschäftsübertragung und Nachfolgeregelung in der Unternehmung dargestellt. (Vgl. dazu auch E. Hubacher u. a.: Der Sprung in die Selbständigkeit. Band 22 der SIU-Schriftenreihe. Bern 1995.)

Grundsätzliche Klärung

Aufgrund der divergierenden Zielsetzungen ist als erstes eine *grundsätzliche Klärung* der Problemsituation notwendig. Jeder Geschäftsinhaber

bzw. Hauptaktionärkreis muß sich darüber klar werden, ob mit seinem Rücktritt seine Firma einmal
• liquidiert und aufgelöst,
• an Dritte verkauft,
• an einen familieneigenen oder -fremden Nachfolger übergehen oder
• den Weg der öffentlichen Unternehmung gehen soll.

Nicht jede Firma eignet sich für alle diese Möglichkeiten. So sind insbesondere kleine Dienstleistungsbetriebe oft derart an die Person des Inhabers gebunden, daß ein Verkauf wenig Sinn hat.

Eine weitere Grundsatzfrage ist die *Art der Geschäftsübertragung*. Eine Übergabe kann auf einem der folgenden Wege vor sich gehen:
• Verkauf gewisser Geschäftsteile der (zu liquidierenden) Firma
• Verkauf sämtlicher Aktiven und Passiven einer Firma
• Verkauf des gesamten Aktienpaketes einer Aktiengesellschaft bzw. Teilen davon an einen Dritten oder einen familieneigenen Nachfolger
• Geschäftsübergabe im Rahmen eines Erbganges.

Erst nach Klärung dieser Grundsatzfragen, die auch für den potentiellen Übernehmer vorzunehmen ist, können die weiteren Punkte angegangen werden.

Personelle Klärung

Am naheliegendsten ist die Geschäftsübernahme durch einen Nachfolger aus der Familie, wo in der Regel die erbrechtlichen Lösungen dominieren (siehe Kapitel 5). Kritischer wird es, wenn Nachkommen vorhanden sind, aber keiner von ihnen Eignung oder Neigung zur Führung hat.

Fehlt ein qualifizierter Nachfolger in der Familie, so sollte ein Außenstehender vorgezogen und eine klare Trennung zwischen Kapital und Arbeit gemacht werden. Gelingt dieser Kompromiß nicht oder hat ein Senior zuwenig Kraft, die Situation klar zu erkennen und entsprechend zu handeln, so ist es um die Zukunft der Firma eher schlecht bestellt.

Vor einer Geschäftsübernahme muß sich der angehende Unternehmer die folgenden Fragen stellen:
• Eigne ich mich überhaupt für die selbständige Erwerbstätigkeit?
• Wage ich den Sprung in die Selbständigkeit in alleiniger Verantwortung?
• Sind weitere Personen (Ehefrau bzw. -mann, Freund, Elternteil) bei diesem Schritt als gleichberechtigte Partner einzubeziehen?

Zeitliche Klärung

Es kann nicht genügen, sich vage Vorstellungen über die Zukunft zusammenzustellen, vielmehr muß die Nachfolgeregelung in verschiedene Phasen eingestellt werden, welche zeitlich begrenzt und terminiert werden. Grundsätzlich lassen sich drei Phasen unterscheiden:
– *Vorbereitung*
– *Umsetzung der Maßnahmen*
– *Übergabe der Unternehmung.*

In die Zeit der *Vorbereitung* fallen die meisten Fragen und Entscheidungen. Im folgenden wird aufgezeigt, daß dabei Teilentscheidungen getroffen werden müssen, welche unter Umständen eine Vorbereitungszeit von *fünf und mehr Jahren* bedingen. Aus diesem Grund ist eine frühzeitige Problembearbeitung angezeigt.

Die *Umsetzung* und damit auch die Einführung des Nachfolgers sollte dagegen auf ein bis höchstens fünf Jahre begrenzt sein. Schon oft mußte auf die *Übergabe* einer Firma an den langjährig aufgebauten Nachfolger verzichtet werden, weil emotionale Hemmnisse im Wege standen. Die *Übergabe* der Unternehmung ist eine Zeit äußerster *Instabilität* für den Betrieb. Sie sollte demzufolge möglichst kurz gehalten werden, d. h. maximal ein bis drei Monate.

Zeitpläne für die Nachfolgeregelung sollten nach Möglichkeit verbindlich terminiert und abgewickelt werden. Wo dies nicht der Fall ist, erhebt sich leicht der Verdacht, daß kein genaues Ziel angestrebt wird und folglich auch keine Maßnahmen eingeleitet werden. Gerade bei einer familieninternen Lösung besteht immer noch die Möglichkeit, daß der Senior nach seinem Rücktritt gewisse Sonderfunktionen (Akquisition, Bankkontakte, Verwaltungsrat usw.) wahrnimmt, während die Hauptverantwortung jedoch klar auf den Junior übergeht.

Die Dauer der gemeinsamen Tätigkeit wird oft überschätzt, was zu Konflikten führen kann, da die neuen Ideen des Nachfolgers nicht immer auf Gegenliebe beim Übergeber stoßen. Uns sind etliche Fälle bekannt, wo ein Nachfolger infolge plötzlichen Todes des Seniors eigentlich viel zu früh die Verantwortung übernehmen mußte und gerade die damit verbundene Herausforderung zum Erfolg führte.

Es gibt kein exakt anzugebendes Rücktritts- bzw. Eintrittsalter. Immerhin sollte der Nachfolger die volle Führungsverantwortung in einem Alter übernehmen können, in welchem er noch Kraft und Energie für Geschäftsausbau und Innovationen hat.

Ausbildung und Praxis

Unabhängig davon, ob der Nachfolger ein Familienmitglied oder ein Außenstehender ist, stellt seine *Ausbildung und praktische Erfahrung* einen wesentlichen Erfolgsfaktor dar. Wichtig ist eine solide Grundausbildung (Berufslehre oder kaufmännische Lehre), die später durch betriebswirtschaftliche Kurse (Führungstechnik, Verkauf, Organisation u. a. m.) profund und permanent ergänzt wird.

Neben dieser theoretischen Ausbildung kommt der *Bewährung in der Praxis* größtes Gewicht zu. Der nachfolgende Sohn sollte im Betrieb nicht im Schatten seines Vaters stehen, sondern nach Möglichkeit einen neuen Geschäftszweig aufbauen können oder sich bereits in anderen Betrieben bewährt haben.

Finanzielle Regelung

Der wichtigste Grundsatz bei der Geschäftsübernahme dürfte sein, daß der Betrieb auch nach der Übernahme bzw. Befriedigung der Miterben *finanziell und liquiditätsmäßig lebens- und entwicklungsfähig* ist. Einige Lösungsmöglichkeiten aus der Praxis:

* Umwandlung der *Einzel- oder Kollektivfirma* in eine *Aktiengesellschaft*. Damit wird die Firma besser «handelbar».
* Abschluß eines *Kaufvertrages*, wobei die Kriterien der späteren Kaufpreisermittlung (Bewertung) schon fixiert sind.
* *Pachtvertrag* mit dem Nachfolger zur Sicherstellung des Lebensabends des Seniors.
* Abschluß eines *Erbvertrages* zu Lebzeiten des Unternehmers mit allen Beteiligten, bei allfälliger Privilegierung des Nachfolgers.
* *Schenkung* oder *Erbvorbezug*.

Einige dieser Lösungsmöglichkeiten sind in den Abschnitten 6.4.5 und 8.3 dargestellt.

Steuerliche Fragen

Bei Geschäftsübertragungen spielen die damit verbundenen steuerlichen Konsequenzen eine große Rolle. So können sogar gewisse Übertragungsformen wegen ihrer hohen Steuerbelastung verunmöglicht werden. Angesichts der Vielfalt der individuellen Verhältnisse sowie der eidgenössisch und kantonal teilweise stark abweichenden Steuergesetzgebungen können hier nur einige *allgemeine Hinweise* angebracht werden. *Einzelfirmen* und *Personengesellschaften* können wie erwähnt verkauft, vererbt, verschenkt, aufgespalten, erweitert, verengt oder auch liquidiert werden. All diese Möglichkeiten führen zu unterschiedlichen Steuerbelastungen, von denen als wichtigste zu nennen sind:

– Liquidationsgewinnsteuer als Differenz zwischen maßgebenden Buchwerten sowie den Veräußerungswerten
– Besteuerung von Gewinnen bei Überführung einzelner Aktiven ins Privatvermögen
– Grundstückgewinn- und Handänderungssteuern
– Schenkungs- und Erbschaftssteuern.

Im Gegensatz dazu wechseln bei der Geschäftsübertragung einer *Aktiengesellschaft* nicht die Aktiven und Passiven, sondern die entsprechenden Aktien den Besitzer. Es werden somit in der Regel keine *stillen Reserven* aufgelöst und realisiert, die separat besteuert werden. Zudem ist in den meisten Kantonen ein *privater Kapitalgewinn* auf Wertschriften von der Steuer befreit. Aus diesem Grund werden vor Geschäftsübertragungen viele Einzelfirmen oder Personengesellschaften in die Rechtsform der Aktiengesellschaft umgewandelt. Dabei werden in der Regel die *Buchwerte* eingebracht, so daß die stillen Reserven ohne Besteuerung in die neue Gesellschaft überführt werden können. Immerhin ist hierbei zu beachten, daß die Aktien während einer *Sperrfrist von 5 Jahren* nicht veräußert werden dürfen, ansonsten wiederum steuerliche Belastungen eintreten. Zudem überprüfen die Steuerbehörden anhand der Bruttogewinnvergleiche, ob vor der Umwandlung nicht stille Reserven aufgelöst wurden.

Information

Die Geschäftsübertragung ist auch ein Informationsproblem. Wir empfehlen, die Detailregelungen vertraulich im Kreis der direkt Beteiligten vorzunehmen und auch anschließend gezielt und offen zu informieren. Zur Vermeidung von Gerüchten und Spekulationen sind vor allem die *Kader* und *Mitarbeiter* im Betrieb zu orientieren. Gerade der Klein- und Mittelbetrieb ist auf treues und *leistungsfreudiges Personal* angewiesen und dieses hat sicherlich größtes Interesse für Veränderungen in der Geschäftsleitung und den Besitzverhältnissen.

Weitere Informationsdestinatäre sind:
• Kunden
• Lieferanten
• Hausbank, insbesondere wenn sie bei der Ablösung mitzuwirken hat
• usw.

6.4.4 Unternehmungsbewertung

Bei jeder Art von Geschäftsübertragungen, nicht nur beim Verkauf an Dritte, ist eine möglichst objektive Unternehmungsbewertung vorzunehmen. Die *Erfahrung* zeigt, daß viele Geschäftsübertragungen an übersetzten Erwartungen des Verkäufers oder an der Unsicherheit des Käufers scheitern. Auch im Zusammenhang mit letztwilligen Verfügungen sollte im Rahmen einer Bewertung geprüft werden, ob nicht eine einseitige Bevorteilung des aktiven Nachfolgers vorliegt.

Der Wert der Unternehmung wird in der Regel aus den letzten drei bis fünf Jahresabschlüssen ermittelt, wobei eine Reihe von kalkulatorischen und wertmäßigen *Bereinigungen* erforderlich ist.

Substanzwert

Der Substanzwert wird aus der letzten *Bilanz* abgeleitet, indem die *stillen Reserven* aufgrund der effektiven Tages- oder Verkehrswerte aufgerechnet werden. Diese finden sich unter anderem in folgenden Positionen:

- Debitoren (infolge überhöhter Delkredere-Bemessung)
- Warenvorräte und angefangene Arbeiten (infolge zu vorsichtiger Bilanzierung)
- Maschinen und Mobiliar (infolge überhöhter Abschreibungen in der Finanzbuchhaltung)
- Liegenschaften (allgemeine Werterhöhung im Zeitablauf)
- Diverse Rückstellungen (durch überhöhte Risikobemessung in der Finanzbuchhaltung).

Die Differenz zwischen Aktiven und Passiven gemäß obiger Bewertung ergibt den *Bruttosubstanzwert*. Die vorhandenen stillen Reserven stellen dabei unversteuerte Gewinne dar, welche irgendwann in der Zukunft zu versteuern sind. Diese *latenten Steuern* müssen in Form einer Rückstellung vom Bruttosubstanzwert abgezogen werden.

Aufgrund unserer Erfahrungen sowie der Empfehlungen in der Fachliteratur betrachten wir einen Steuersatz für die latenten Steuern von *15 bis 25% der stillen Reserven* als angemessen.

Der Nettosubstanzwert wird wie folgt ermittelt:

$$\frac{\textit{Bruttosubstanzwert} - \text{latente Steuern (20\% der stillen Reserven)}}{= \textit{Netto-Substanzwert}}$$

Zur Berechnung des Unternehmungswertes wird der *Nettosubstanzwert* herangezogen.

Ertragswert

Der Ertragswert resultiert demgegenüber aus einer Schätzung der *Zukunftsgewinne*. Diese werden aus den *Erfolgsrechnungen* der letzten 3 bis 5 Geschäftsjahre abgeleitet, die ebenfalls nach objektiven Gesichtspunkten zu bereinigen sind.

Hier sind insbesondere folgende Positionen zu korrigieren:
- Überhöhte oder ungenügende Abschreibungen auf Sachanlagen (Mobiliar, Maschinen, Immobilien)
- Veränderung der stillen Reserven auf angefangenen Arbeiten, Warenvorräten und Debitoren
- Überhöhte oder zu tiefe Unternehmerlöhne bzw. fehlende Privatbezüge
- Ausscheidung nicht-betrieblicher Aufwendungen und Erträge usw.

Als maßgebender Basiserfolg wird oft der *reine Durchschnitt* oder ein *gewichteter Mittelwert der letzten Geschäftsjahre* angenommen, welcher um einen Teil der latenten Ertragssteuern bereinigt wird. Zur Berechnung des Zukunftsertrages können die bereinigten internen Gewinne der letzten 3 bis 5 Jahre nach ihrer *Aktualität* und ihrem Einfluß auf den Zukunftsertrag gewichtet werden, wie das folgende Beispiel zeigt:

Geschäftsjahre	1992	1993	1994	1995	1996
Faktor	1	1	2	2	3

Basiserfolg:

$$\frac{\text{Ertrag 1992} + \text{Ertrag 1993} + 2 \times \text{Ertrag 1994} + 2 \times \text{Ertrag 1995} + 3 \times \text{Ertrag 1996}}{9}$$

minus 25–40% Abzug für latente Ertragssteuern

Der Basiserfolg wird als Zukunftserfolg definiert. Der *Ertragswert* selbst errechnet sich, indem der Basiserfolg (mutmaßlicher Zukunftsgewinn) mit einem marktkonformen Zinssatz (heute zwischen 8 und 15%) kapitalisiert wird.

Unternehmungswert

Der gesamte Unternehmungswert ist eine *Mittelwertberechnung* von Substanz- und Ertragswert, wobei letzterer auch doppelt gewichtet werden kann (sog. Praktikermethode). Der so kalkulierte Unternehmungswert ist oftmals nicht mit dem Kaufpreis identisch. Dieser ist letztlich das Ergebnis von *Verhandlungen*.

Der in diesem Zusammenhang oftmals verwendete Begriff «*Goodwill*» stellt die Differenz zwischen Nettosubstanzwert und Unternehmungsgesamtwert (bzw. Kaufpreis) dar, oder den Barwert der Übergewinne. Die skizzierten Berechnungen, die natürlich im Einzelfall zu verfeinern sind, haben auch die Aufgabe, den Ermessens- und Verhandlungsspielraum aufzuzeigen, der aufgrund der verschiedenen Annahmen (z. B. Kapitalisierungszinsfuß, latente Steuern) für die Bewertung besteht.

Schematisches Beispiel zur Unternehmungsbewertung

– Substanzwert S: Fr. 1 200 000.–
Zukünftiger Jahresgewinn G: Fr.   150 000.–
Kapitalisierungszinssatz Z: 10%

– *Substanzwert* S: *1,2 Mio. Fr.*

– *Ertragswert* E = $\dfrac{G \times 100}{Z} = \dfrac{150\,000 \times 100}{10} =$ *1,5 Mio. Fr.*

– *Unternehmungswert* U = $\dfrac{2 \times E + S}{3} = \dfrac{2 \times 1,5 + 1,2}{3} =$ *1,4 Mio. Fr.*
(Schweizer Methode)

Unternehmungsanalyse

Neben den Bewertungsfragen sind im Rahmen einer Geschäftsübernahme etliche *Informationen über die Unternehmung* bereitzustellen, damit der interessierte Dritte sich ein besseres Bild über das Kaufobjekt machen kann. Da niemand eine Unternehmung blind kauft, ist die Bereitstellung von aussagekräftigen Informationen entscheidend für die Verkaufsverhandlungen.

Hingegen ist die Frage, welche *Informationen* ein potentieller Käufer verlangen kann und welche nicht, bereits ein heikler Diskussionsgegenstand. Es ist bekannt, daß angebliche Kaufinteressenten ein halbes Dutzend Betriebe besichtigen, um danach die so erworbenen Kenntnisse im eigenen Betrieb zu verwenden. Anderseits muß ein Verkäufer gegenüber einem ernsthaften Käufer bereit sein, seine Bücher zu öffnen, wenn dieser eine *Absichtserklärung* zum Firmenerwerb unterzeichnet hat, welche u. a. jede anderweitige Verwertung der erhaltenen Informationen ausschließt.

Oftmals ist es zweckmäßig, wenn die erforderlichen Untersuchungen von einem *beauftragten Dritten* (Treuhänder, Marktspezialist, Rechtsanwalt, Berater, Verbandssekretär usw.) durchgeführt werden. Das Ergebnis der Untersuchungen wird in der Regel in einem *Exposé* zusammengefaßt, das beiden Parteien als Gesprächsgrundlage dient. Die wichtigsten Inhaltspunkte sind im nachfolgenden *Katalog* dargestellt:

a) Allgemeines
b) Produkte / Dienstleistungen und Märkte
c) Personal
d) Anlagen
e) Erträge, Kosten, Finanzen
f) Verschiedenes.

Wie unter Position e) angedeutet, sind vorgängig einer Geschäftsübernahme auch *Bilanz und Erfolgsrechnung* zu untersuchen. Hierbei werden in der Regel die letzten 3 bis 5 Geschäftsjahre mittels aussagefähiger *Kennziffern* ausgewertet und beurteilt.

Wesentlich für den Käufer ist jedoch die Tatsache, daß *Unternehmungswert und Kaufpreis nicht übereinstimmen*. Der Preis ist letztlich das *Ergebnis von Verhandlungen*, wobei die oben erwähnten Zusatzinformationen eine erhebliche Rolle spielen können.

6.4.5 Kaufpreisabwicklung

Der *Kaufpreis* bei einer Geschäftsübertragung ist primär das *Resultat von Verhandlungen;* die Bewertung ist dabei nur eine Hilfsgröße.

Zur Finanzierung des vereinbarten Kaufpreises stehen grundsätzlich folgende Möglichkeiten offen:

- *Barzahlung durch den Käufer:* Diese Möglichkeit ist nur dann anzutreffen, wenn der Kaufpreis relativ niedrig ist bzw. der Käufer über bedeutende Mittel verfügt.
- *Darlehen:* Häufig wird ein Teil des Kaufbetrages nicht bar ausbezahlt, sondern in ein zu amortisierendes Darlehen umgewandelt. Als Darlehensgeber kommen primär der Verkäufer, aber auch Banken und Dritte in Frage. Diese Finanzierungsmöglichkeit führt automatisch zu einer mehrjährigen Übergangszeit, bis die Geschäftsübergabe finanziell vollzogen ist. Die Belastung des Käufers durch Zinsen und Amortisation ist daher ins Kalkül zu ziehen. In der Familienunternehmung empfehlen wir «christliche» Konditionen.
- *Auslaufende Beteiligung:* Ein hoher Bargeldabfluß kann vermieden werden, wenn der Verkäufer sich bereit erklärt, während einer gewissen Übergangszeit noch Aktienanteile zu halten und diese sukzessive an den Käufer abzutreten. Obwohl es zweckmäßig ist, wenn der Verkäufer während einer gewissen Zeitspanne mit seiner Firma verbunden bleibt, kann dies aus verständlichen Gründen leicht zu Konflikten führen.
- *Temporäre Übernahme einer Minderheitsbeteiligung* durch eine Bank oder durch ein Institut für Spezialfinanzierungen.

118

Mit der Vertragsunterzeichnung ist die Geschäftsübertragung noch nicht abgeschlossen. Wie bereits früher aufgezeigt, können diverse *Maßnahmen im Rahmen der Übernahme* geplant sein, wie z. B.:
– Ausscheidung bestimmter, evtl. nicht-betrieblicher Aktiven und Passiven
– Änderung der Rechtsform
– Anpassung der Führungsstruktur
– Übertragung von Liegenschaften, Rechten, Verträgen, Patenten usw.
In Abschnitt 8.3.1 ist ein möglicher Kaufvertrag einer Aktiengesellschaft und ein damit im Zusammenhang stehender Aktionärbindungsvertrag wiedergegeben.

6.4.6 Geschäftsübertragung im Erbgang

Bedeutung und Erfahrungen
In der Praxis ist bei sehr vielen Familienunternehmungen eine Geschäftsübernahme erst im Rahmen eines Erbganges (d.h. Versterben des Seniors, Vaters, Inhabers) möglich. Wenn in der Regel auch eine frühere Übernahme zweckmäßiger wäre, können dies persönliche oder vermögensmäßige Rahmenbedingungen verhindern.

Ein gewisser Widerspruch besteht in vielen Fällen darin, daß dem überlebenden Ehegatten einerseits eine angemessene *Weiterexistenz* ermöglicht werden soll, andererseits soll der Nachfolger mit den notwendigen finanziellen Mitteln ausgestattet werden, welche die *Betriebsübernahme* überhaupt ermöglichen. Das Beispiel unter Ziffer 6.2 soll die daraus resultierenden Interessenkonflikte illustrieren.

Über die grundsätzliche Problematik bzw. die Lösungsmöglichkeiten einer Geschäftsübertragung im Erbgang sollte durch eine vorgängige *Analyse des mutmaßlichen Nachlasses* Klarheit gewonnen werden. Dabei interessieren vor allem die folgenden Punkte:
• Vermögen (privat und geschäftlich), Vorschlag und Nachlaß des Erblassers
• Die Vermögens- und Einkommenssituation der überlebenden Ehefrau
• Die mutmaßlichen Erbteile oder Pflichtteile der Erben
• Wert des Geschäfts im Vergleich zum Erbteil des Erben bzw. Nachfolgers
• Die Möglichkeit der Abgeltung der Ansprüche der nicht aktiv im Geschäft mitarbeitenden Erben
• Die in einem Ehe- und Erbvertrag allfällig zu regelnden Punkte.

Praktisches Beispiel
Nachfolgend ein praktisches *Beispiel* einer Analyse von Vermögen, Vorschlag, Nachlaß und Erbteilung eines Unternehmer-Ehepaares mit drei erwachsenen Kindern, wovon der älteste Sohn den Betrieb übernehmen will. Güterrechtlich ist festzuhalten, daß ohne Abschluß eines Ehevertrages der Güterstand der *Errungenschaftsbeteiligung* gilt, wonach die Ehefrau *zur Hälfte* an der Errungenschaft des Ehegatten beteiligt ist.

Die *erbrechtlichen Bestimmungen* gemäß Art. 457 ff. ZGB lauten wie folgt:

* Die *Erbquote der Ehegatten* beträgt die Hälfte des Nachlasses.
* Dieser Erbanteil ist zur Hälfte pflichtteilsgeschützt, d. h. daß der *Pflichtteil* des überlebenden Ehegatten ein Viertel des Nachlasses beträgt.
* *Die Erbquote der Nachkommen* ist zu drei Vierteln pflichtteilsgeschützt.
* Die *frei verfügbare Quote* beläuft sich so auf drei Achtel des Nachlasses.

Gesetzliche Regelung

Testamentarische Freiheit
bei Pflichtteilsetzung

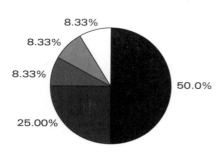

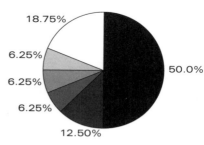

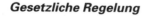

Vermögensstatus per 1. Januar 1995
– Innerer Wert der Unternehmung gemäß
  Bewertung durch neutrale Fachinstanz   Fr. 1 000 000.–
– Wohnhaus (Verkehrswert Fr. 480 000.–,
  abzüglich Hypothek Fr. 140 000.–)   Fr.   340 000.–
– Wertschriften, Bankguthaben, Bargeld ca.   Fr.   220 000.–

Gesamtvermögen   **Fr. 1 560 000.–**

Vor der erbrechtlichen Teilung erfolgt beim Vorversterben eines Ehegatten die *güterrechtliche Auseinandersetzung*. Wir nehmen einfachheitshalber an, daß bei der Ehegründung vor 30 Jahren weder der Ehemann noch die Ehefrau Vermögen hatten, d. h. das gesamte Vermögen stellt Errungenschaft dar, woraus sich folgende Abrechnung ergibt:

Güterrechtliche Auseinandersetzung
Total Errungenschaft   Fr. 1 560 000.–

Anspruch Ehefrau   Fr.   780 000.–
Anspruch Ehemann   Fr.   780 000.–

Im allgemeinen Güterstand der Errungenschaftsbeteiligung unterliegt beim Vorversterben eines Ehepartners nur die *Hälfte der Errungenschaft* der *erbrechtlichen Teilung*. Die andere Hälfte fällt dem überlebenden Ehegatten aus dem Güterrecht zu.

Erbrechtliche Teilung	gesetzliche Regelung	testamentarische Freiheit
Nachlaß	Fr. 780 000.–	Fr. 780 000.–
Erbanspruch Ehepartner	Fr. 390 000.–	Fr. 195 000.–
Erbanspruch Kinder	Fr. 390 000.–	Fr. 292 500.–
Erbanspruch je Kind	Fr. 130 000.–	Fr. 97 500.–
Frei verfügbare Quote	Fr. 0.–	Fr. 292 500.–

Zusammenfassend ergibt sich folgende *Aufteilung des Gesamtvermögens:*

Zusammenfassung	gesetzliche Regelung	testamentarische Freiheit
Gesamtvermögen	Fr. 1 560 000.–	Fr. 1 560 000.–
Anspruch Ehegatte		
– aus Güterrecht	Fr. 780 000.–	Fr. 780 000.–
– aus Erbrecht	Fr. 390 000.–	Fr. 195 000.–
Total	**Fr. 1 170 000.–**	**Fr. 975 000.–**
Anspruch Kinder (3) je	Fr. 130 000.–	Fr. 97 500.–
Verfügbare Quote	Fr. 0.–	Fr. 292 500.–
Max. Begünstigung für 1 Kind		**Fr. 390 000.–**

In bezug auf die Nachfolgeregelung zeigt es sich, daß mit der vorstehenden güter- und erbrechtlichen Regelung der Sohn (Erbanspruch Fr. 130 000.–) kaum jemals in der Lage sein wird, den Betrieb ohne erhebliche Verschuldung zu übernehmen und die Ansprüche der Miterben abzugelten. Gerade bei Vorversterben des Ehemannes dürfte dies ein großer *Nachteil* sein.

Auch bei *Pflichtteilsetzung* aller übrigen Erben und Zuweisung der *frei verfügbaren Quote* an den betriebsführenden Sohn kann dieses Problem *nicht gelöst* werden. Bei diesem Vorgehen ergäbe sich für ihn ein Anspruch von Fr. 390 000.–. Die güter- und erbrechtlichen Ansprüche seiner Mutter und Geschwister belaufen sich hingegen auf Fr. 975 000.–.

Vorhandene Möglichkeiten

Im Rahmen einer *erbrechtlichen Lösung* können einige der erwähnten Härten ausgeschaltet oder zumindest gemildert werden. Während beim *Testament* die Verfügungsfreiheit des Erblassers durch rechtliche Schranken relativ stark eingeschränkt ist, lassen sich im *Ehe- und Erbvertrag* weitergehende güter- und erbrechtliche Maßnahmen treffen. Hierzu gehören insbesondere:
• Änderung der Vorschlagszuweisung
• Begünstigung des Ehegatten oder einzelner Erben

- Anordnungen über die Anteile der Erben, Teilungs- und Bewertungsvorschriften
- Zuweisungen und Vermächtnisse
- Teilweise Erbauskäufe bzw. Erbverzichte usw.

Im *Erbvertrag* verpflichten sich Erblasser und Erben gemeinsam zu bestimmten Regelungen bei den zu erwartenden Erbgängen. Der Erbvertrag bedarf zu seiner Gültigkeit der öffentlichen Beurkundung unter Beizug von zwei Zeugen und kann auch nur im gegenseitigen Einvernehmen geändert oder aufgehoben werden.

Die Notwendigkeit vorsorglicher ehe- und erbvertraglicher Lösungen in Unternehmerfamilien ist durch das neue Eherecht (Errungenschaftsbeteiligung) noch deutlich erhöht worden. Die neue Aufteilung von Vorschlag und Errungenschaft im Scheidungs- oder Todesfall kann zu einer massiven Dekapitalisierung der Unternehmung führen, insbesondere auch wegen der Auszahlungspflicht nicht realisierter Erträge und stiller Reserven, wenn entsprechende liquide Mittel fehlen.

Es empfiehlt sich daher dringend, in der Unternehmerehe *ehe- und erbvertragliche Lösungen* (mit oder ohne Mitwirkung der Kinder) anzustreben. Dabei sind insbesondere zu regeln:

- Wahl des geeigneten Güterstandes
- Zuweisung von Eigengut
- Pflichtteilsetzung bzw. Zuweisung der freien Quote
- Ausschluß Mehrwertanspruch
- Ausschluß betrieblicher Werte aus der Errungenschaft durch Zuweisung der Unternehmung und deren Erträge ins Eigengut eines Ehegatten
- Erbauskauf/Erbverzicht
- Bewertungsvorschriften
- Auszahlungsregeln (Zahlungsfristen, Tilgung)
- Anordnung von Teilungsregeln
- Verzicht auf bzw. Erschwerung der Anfechtung
- Einsetzung eines Willensvollstreckers, usw.

Obwohl in diesem Kapitel über die Geschäftsübertragung im Erbgang einige Beispiele zur Illustration der Problematik aufgeführt wurden, dürfen diese nicht als Musterlösungen angesehen werden. Nur eine saubere Analyse jedes konkreten Einzelfalls bietet Gewähr für eine kontinuierliche Unternehmungsentwicklung und schützt vor unangenehmen Überraschungen oder jahrelangen Prozessen.

Hinweis: In Abschnitt 8.3.3 ist ein Beispiel eines einfachen Ehe- und Erbvertrages wiedergegeben.

6.5 Risikofinanzierung – temporäre Beteiligung – Going public

Diese Schrift über praktische Aspekte der finanziellen Führung der Unternehmung wäre unvollständig, wenn die Problemkreise Risikofinanzierung, temporäre Beteiligungen, Going public nicht wenigstens gestreift würden. Etliche Banken und mit ihnen in Verbindung stehende Spezialfinanzierungsinstitute haben in letzter Zeit ihr Engagement auf den erwähnten Gebieten massiv verstärkt und offerieren diverse Dienstleistungen, von denen auch der Klein- und Mittelbetrieb profitieren kann.

6.5.1 Risikofinanzierung und temporäre Beteiligung

Die in Abschnitt 8.1.3 aufgeführten Institute für Spezialfinanzierungen bieten insbesondere die folgenden Dienstleistungen an:

- *Konventionelle Beteiligung* am Grundkapital bereits etablierter Firmen zur Ablösung von Aktionären, zur Beschaffung zusätzlicher Eigenkapitalien oder zur Vorbereitung auf eine Öffnung für das Publikum (siehe folgenden Abschnitt).
- *Expansionsfinanzierung* vor allem für junge Unternehmungen, die sich in einer starken Wachstumsphase befinden und deren Eigenkapital für eine Weiterentwicklung nicht ausreicht. Dabei gelangen vor allem die folgenden Finanzierungsmöglichkeiten zur Anwendung:
  • temporäre Beteiligung
  • Wandeldarlehen
  • subordiniertes Wandeldarlehen
  • mittel- und langfristiges Risikodarlehen.
- *Management-Buyout.* Unter diesem Begriff versteht man die Übernahme eines Unternehmens oder eines Teils davon durch eine oder mehrere Personen des Managements. Da diese Personen in der Regel nicht über ausreichende Mittel zur Übernahme verfügen, stehen individuell erarbeitete Finanzierungskonzepte zur Verfügung.
- *Venture-Capital-Finanzierung.* Hierbei handelt es sich um eine Investition in ein sehr junges oder neu zu gründendes Unternehmen mit einer innovativen Produkt- oder Dienstleistungsidee, hohen Marktchancen und einer entsprechend wachstumsträchtigen Zukunft. Dies ist die risikoreichste, aber je nachdem auch chancenreichste Finanzierungsart. Beim Venture Capital werden die finanziellen Mittel so zur Verfügung gestellt, daß keine Rückflüsse in Form von Dividenden erforderlich sind, sondern diese frühestens nach einigen Jahren erwartet werden dürfen.

Fallstudie Risikofinanzierung
(Quelle: Eidgenössische Bank)

Ein Ingenieur hat zusammen mit zwei Partnern ein technisch hochstehendes, neues Produkt auf dem Gebiet der Telekommunikation bis zur Marktreife entwickelt. Vor einem Jahr gründeten die Partner eine AG, in die sie ihre Entwicklung und alle ihre Barmittel einbrachten.

Der Aufbau der kommerziellen Geschäftstätigkeit erfordert Risikokapital in erheblichem Ausmaß. Da der Busineß-Plan die positiven Zukunftschancen überzeugend nachweist, die Risiken klar aufzeigt und die Entwicklung realistisch terminiert ist, beteiligen wir (d. h. die «Eidgenössische Bank») uns mit einer Wagnisfinanzierung am erfolgversprechenden Projekt.

Um die Partner in der Mehrheit zu belassen, beteiligen wir uns mit 40% am erhöhten Aktienkapital und bringen den größeren Teil der Finanzierung als nachrangiges (subordiniertes) Darlehen mit Teilwandelrecht ein. Die Partner können die Beteiligung innerhalb 10 Jahren von uns zu einem Preis übernehmen, dessen obere und untere Grenze im voraus definiert ist.

Die Subordination des Darlehens überbrückt die geplanten Bilanzverluste der ersten drei Jahre. Während dieser Zeit wird der Zinssatz reduziert. Das Recht, einen Teil des Darlehens zu pari in eine freie Beteiligung zu wandeln und damit an einem überdurchschnittlichen Erfolg langfristig zu partizipieren, kompensiert die niedrige Anfangsrendite und das hohe Risiko.

Unser Vertreter im Verwaltungsrat der Gesellschaft hilft aktiv am Aufbau mit und stellt wichtige Verbindungen zu Marktpartnern her.

6.5.2 Going public

Unter «Going public» versteht man den Weg von der mittelständischen Familienunternehmung zur Publikumsgesellschaft. Hauptmotiv ist hierbei die Verbreiterung der Eigen- oder Fremdkapitalbasis, was nach einem vielleicht jahrzehntelangen Wachstum die finanziellen Möglichkeiten des Inhabers übersteigen würde. Ziel ist also das Erreichen der *Emissionsfähigkeit* der Unternehmung und damit der Zugang zum Kapitalmarkt.

Fallstudie «Beldona»
(Quelle: ABP: Ist die Kapitalstruktur Ihres Unternehmens noch richtig?)

Die von Herrn Dr. Roth aufgebaute Beldona-Gruppe befand sich 1969 in einer starken Wachstumsphase. Zur Sicherstellung des erheblichen Kapitalbedarfs wandte sich Herr Dr. Roth an die ABP, die Mitte 1970 nach eingehender Prüfung 1,8 Mio. Franken Risikokapital in Form einer Minderheitsbeteiligung von 28% durch Zeichnung neuer Aktien der Holding zur Verfügung stellte. Dies erweiterte wiederum den Kreditspielraum der Beldona-Gruppe. Die unverminderte Expansion dieser Ladenkette rief nach der Beschaffung weiterer langfristiger Mittel, weshalb die Begebung einer Anleihe ins Auge gefaßt wurde. Wegen der engen Bindung der ABP zur Schweizerischen Kreditanstalt war dieses führende Emissionsinstitut bereit, für Beldona im Sommer 1973 eine Anleihe von 6 Mio. Franken zu plazieren. Die vorgängig zu dieser Emission auf 30% erhöhte Beteiligung der ABP eröffnete somit der Beldona als mittlerem Unternehmen den erfolgreichen Schritt auf den öffentlichen Kapitalmarkt, der üblicherweise nur Großfirmen offensteht.

Die Beldona-Gruppe erreichte 1978/79 eine finanzielle Stabilität und einen Cash-flow, die es Herrn Dr. Roth erlaubten, von dem ihm zustehenden Recht auf Rückkauf der von der ABP gehaltenen Minderheitsbeteiligung Gebrauch zu machen.

Voraussetzung einer Publikumsgesellschaft

Zwischen dem ersten Schritt der Familiengesellschaft und der Öffnung für das breite Anlegerpublikum kann eine Zeitspanne von 5 bis 15 Jahren liegen. Dieser lange Weg zur Publikumsgesellschaft findet seine Begründung im subtilen – den allgemeinen übergeordneten Marktgeschäften Rechnung tragenden – Vorgehen, aber auch im planmäßigen Aufbau des Bekanntheitsgrades in der Öffentlichkeit. Es zeigt sich also, daß der Wunsch allein, eine Publikumsgesellschaft zu werden, kaum ausreicht. Folgende *Bedingungen* sind zu erfüllen:
- tragendes Marktpotential und langfristige Marktchancen
- mindestens 10 Mio. Franken Aktienkapital
- Begleitung durch eine leistungsfähige Bank
- hoher Bekanntheitsgrad und sehr gutes Image in der Öffentlichkeit.

Die Komplexität der Veränderung der Gesellschaftsform und die damit zusammenhängende Anpassung der Finanzstrukturen hat auch im Bankwesen Spezialisten notwendig gemacht. Die schweizerischen Großbanken verfügen daher über besondere Stellen, die sich mit diesem Fragenkomplex auseinandersetzen und sich gegebenenfalls auch finanziell engagieren (entsprechende Adressen finden sich im Abschnitt 8.1.3).

Voraussetzungen für die derartige temporäre Übernahme einer Minderheitsbeteiligung durch ein Spezialinstitut sind:
- Das Unternehmen muß sich über eine gesunde Ertragslage ausweisen können, welche die Zahlung einer angemessenen Dividende auch auf das neu investierte Kapital ermöglicht.
- Die Leitung des Unternehmens soll sich in fähigen Händen befinden, und die Kontinuität der Führung muß durch eine klare Nachfolgeregelung gesichert sein.
- Das Unternehmen muß Gewähr bieten, daß es sich auch in Zukunft erfolgreich behaupten kann.

6.5.3 Nachtrag

Die in den Abschnitten 6.4 und 6.5 aufgezeigten Problemkreise sind oftmals dermaßen komplex, daß sie nicht mit dem erlernten Rüstzeug eines Unternehmers, Geschäftsleiters oder Finanzchefs bewältigt werden können. Die Vielzahl der erbrechtlichen, vertraglichen, steuerlichen, organisatorischen und finanziellen Regelungen erfordert den Beizug gut qualifizierter Beratungs- und Treuhandunternehmen sowie die Mitwirkung engagierter Banken und Spezialinstitute.

7. Kontrolle der Finanzsituation

Die *Kontrolle* stellt die *letzte Phase des finanziellen Führungsprozesses* dar: Ausgangspunkt war die *Planung* des kurz- und mittelfristigen Kapitalbedarfes; daran schloß sich der *Entscheid* über die bestmögliche Deckung sowie die *Durchführung* der entsprechenden Finanzierungsmaßnahmen. Die *Finanzkontrolle* schließt nun diesen Prozeß ab, indem sie überprüft, ob die Planung mit der effektiven Entwicklung übereinstimmt und ob die finanziellen Maßnahmen das gesetzte Ziel (den Ausgleich der Zahlungsströme) erreicht haben. Da die Wirklichkeit immer etwas anders als geplant verläuft, kommt den Abweichungen besondere Bedeutung zu.

Die Kontrolle der Finanzsituation ist sowohl als *laufende Plankontrolle* als auch als *nachträgliche Überprüfung* der Resultate zu verstehen.

7.1 Plankontrolle

7.1.1 SOLL-IST-Vergleich

Erfahrungen in der Praxis haben gezeigt, daß mittel- und langfristig durchgeführte SOLL-IST-Vergleiche wenig sinnvoll sind. Die Finanzentwicklung wird fast immer anders als vorgesehen verlaufen, wobei die Abweichungen mittels der rollenden Planüberarbeitung in der Regel einmal jährlich erfaßt werden.

Zweckmäßig sind demgegenüber *kurzfristig angelegte SOLL-IST-Vergleiche*, insbesondere bei Geldflußplänen, die wegen einer angespannten Liquiditätslage erarbeitet wurden. Hier hat die Kontrolle quartals-, monatsweise oder wöchentlich zu erfolgen, in Extremfällen sogar täglich. Der Vergleich wird vorteilhafterweise auf dem ursprünglichen Planformular vorgenommen.

Schematisches Beispiel:

Geldflußplan	Januar			Februar			März	
	SOLL	IST	Abw.	SOLL	IST	Abw.	SOLL	IST
Einnahmen . . Ausgaben . .								
Saldo								

Ein ausführliches Beispiel stellt der SOLL-IST-Vergleich im *Zahlungsbereitschaftsbudget* (Abschnitt 4.1.4) dar.

7.1.2 Anpassungsmaßnahmen

Sicherlich ist der *Analyse der Abweichungen* von Einnahmen und Ausgaben beim SOLL-IST-Vergleich eine gewisse Bedeutung zuzumessen. Oftmals liegen aber die entsprechenden Ursachen im betriebsexternen Bereich. Wichtig ist es für die Geschäftsleitung vor allem, *Richtung und Ausmaß* der Abweichungen zu kennen, wobei die *Saldowirkung* maßgebend ist.

Erweist sich diese als strukturell, so sind *Anpassungsmaßnahmen* zu treffen. Hier zeigt sich, ob das Kriterium der finanziellen Flexibilität nur ein Schlagwort ist. Der erfahrene Finanzchef wird im Geldflußplan nie sämtliche Reserven einkalkulieren, sondern für die immer auftretenden Abweichungen einige gezielte Maßnahmen einsetzen können (vgl. Abschnitt 4.3 Liquiditätspolitik).

7.2 Liquiditätsstaffel

In der Liquiditätsstaffel wird das Vermögen der Unternehmung nach seiner Liquidierbarkeit aufgeführt und den nach ihrer Fälligkeit geordneten Verpflichtungen gegenübergestellt. Zusätzlich werden die nicht beanspruchten Kreditlimiten in die Berechnung einbezogen.

Im Liquiditätsstatus werden die verschiedenen Stufen der Liquidität herausgestellt und für jede Stufe die Unter- bzw. die Überdeckung ermittelt.

Beispiel: Liquiditätsstaffel in einer Schreinerei
(in Fr. 1000.–)

A. *Sofortige Zahlungsbereitschaft*		
Kasse, Postcheck	18	
Kontokorrent (Limite 100)		56
Nicht beanspruchter Bankkredit	44	
Sofort realisierbare Wertschriften	11	
Fällige Lieferantenkreditoren		48
Fällige Wechsel		30
	73	134
Unterdeckung 1. Liquiditätsstufe (Kassenliquidität)	61	
	134	134
B. *Liquidität auf kurze Sicht* (3 Monate)		
Unterdeckung Stufe 1		61
Debitoren	224	
Angefangene Arbeiten	290	
Transitorische Aktiven	45	
Übrige Kreditoren		120
Transitorische Passiven		45
	559	226
Überdeckung 2. Liquiditätsstufe		333
	559	559

C. *Liquidität auf mittlere Sicht* (1 Jahr)

Überdeckung Stufe 2	333	
Warenlager	250	
Übriges Umlaufsvermögen	36	
Bankschulden (Fester Vorschuß)		250
Übriges kurzfristiges Fremdkapital		30
Nicht beanspruchter Bankkredit		44
	619	324
Überdeckung 3. Liquiditätsstufe		295
(Netto-Umlaufsvermögen)	619	619

D. *Liquidität auf lange Sicht*

Überdeckung Stufe 3	295	
Maschinen, Mobilien, Liegenschaften	633	
Langfristiges Fremdkapital		450
	928	450
Überdeckung 4. Liquiditätsstufe		478
	928	928

7.3 Bilanz- und Erfolgskennziffern

Bilanz- und Erfolgskennziffern können auch aus Planbilanzen und Plan-erfolgsrechnungen abgeleitet werden. Dies vor allem dann, wenn die Zukunftsentwicklung als risikobehaftet beurteilt wird. Häufiger ist jedoch ihre Anwendung auf die Jahresabschlüsse der Unternehmung.

In beiden Fällen geht es darum, die Firmenentwicklung anhand einiger wichtiger Kennzahlen in den Griff zu bekommen. Wesentlich bei dieser Kennziffernberechnung ist der *Einbezug der stillen Reserven* (vgl. die entsprechenden Methoden zur Aufbereitung von Bilanz und Erfolgsrechnung bei A. Bürgi: Führen mit Kennzahlen).

Zur *Überwachung* der Liquiditäts-, Finanz- und Ertragslage dienen vor allem die folgenden Kennzahlen:

7.3.1 Kennzahlen zur Beurteilung der Liquidität

Die Liquiditätsziffern messen die Fähigkeit einer Unternehmung, ihren Zahlungsverpflichtungen fristgerecht nachzukommen. Da sowohl zu hohe wie auch zu geringe Liquidität unzweckmäßig ist, muß sich diese Größe in einem *Optimum* bewegen.

Die Kennziffern der Liquidität gehen von einem jeweils *unterschiedlichen Zeithorizont* aus und messen die Zahlungsfähigkeit gestaffelt, indem Aktiv- und Passivpositionen mit ähnlicher zeitlicher Bindung verglichen werden.

Die wichtigsten Liquiditätskennziffern sind:

$$\text{Liquidität 1. Grades (cash ratio)} = \frac{\text{vorhandene Zahlungsmittel (Ka, B, Pc)}}{\text{fällige Verbindlichkeiten}}$$

$$\text{Liquidität 2. Grades (quick ratio)} = \frac{\text{Zahlungsmittel + Forderungen}}{\text{fällige + kurzfristige Verbindlichkeiten}}$$

$$\text{Liquidität 3. Grades (current ratio)} = \frac{\text{Umlaufsvermögen}}{\text{kurzfristiges Fremdkapital}}$$

Die Liquiditäten 1. und 2. Grades sollten einen Richtwert von mindestens 1 aufweisen. Die Liquidität 3. Grades (auch Liquiditätskoeffizient genannt) mißt die Zahlungsfähigkeit in der Zukunft auf etwa Jahresfrist hinaus. Nach allgemeinen betriebswirtschaftlichen Erkenntnissen muß ihr Wert im Bereich von 2 liegen. Anstelle der Liquidität 3. Grades kann mit den gleichen Größen das *Netto-Umlaufsvermögen* ermittelt werden, welches mindestens einen positiven Wert aufweisen sollte.

$$\text{Netto-Umlaufsvermögen (Net working capital)} = \frac{\text{Umlaufsvermögen minus}}{\text{kurzfristiges Fremdkapital}}$$

Anmerkung
Die Liquiditätsgrade können auch ermittelt werden, indem im Nenner jeweils das *kurzfristige Fremdkapital* einbezogen wird. Bei dieser Berechnung sind die Richtwerte 0,5, 1 und 2. Die Methode ist jedoch etwas weniger differenziert. Bei allen Liquiditätskennziffern ist zu beachten, daß die effektiven, vor dem Bilanzstichtag eingegangenen *finanziellen Verpflichtungen* (Kaufverträge über Investitionen, Bestellungen, Bürgschaften usw.) nicht berücksichtigt werden. Ebensowenig werden normalerweise nicht ausgeschöpfte Bankkredit-Limiten in die Beurteilung einbezogen, obwohl diese als Liquiditätsreserve dienen.

Beispiel aus einer mechanischen Werkstätte (Zahlen gerundet)

Aktiven		Passiven	
Kasse	50	Wechsel (fällig)	200
Bank, Postcheck	100	Kreditoren	300
Debitoren	200	Banken	300
Warenvorräte	800	Darlehen von O.	400
Wertschriften	300	Hypothek	600
Darlehen an M.	200	Eigenkapital	1200
Anlagen	500		
Immobilien	850		
	3000		3000

Wie hoch sind die *Liquiditätskennzahlen?*

Liquidität 1. Grades : $\dfrac{150}{200}$ = <u>0,75</u> (zu knapp)

Liquidität 2. Grades : $\dfrac{350}{500}$ = <u>0,70</u> (zu knapp)

Liquidität 3. Grades : $\dfrac{1450}{800}$ = <u>1,81</u> (genügend)

Netto-Umlaufsvermögen : 1450 – 800 = + <u>650</u>

7.3.2 Kennziffern zur Beurteilung der Finanzstruktur

Investitionsverhältnis	=	$\dfrac{\text{Umlaufsvermögen}}{\text{Anlagevermögen}}$

Das Investitionsverhältnis zeugt von der *Dispositionsfreiheit* des Betriebes. Eine Verringerung dieser Kennzahl im Laufe der Jahre weist auf steigende fixe Kosten und auf mangelnde Elastizität bei Beschäftigungsschwankungen hin. Eine Zunahme ist positiv zu beurteilen.

Finanzierungsverhältnis	=	$\dfrac{\text{Fremdkapital}}{\text{Eigenkapital}}$

Das Finanzierungsverhältnis ist Indiz für die *finanzielle Sicherheit* des Betriebes. Eine Erhöhung der Kennziffer zeugt von Substanzverlusten bzw. zunehmender Fremdfinanzierung, eine Abnahme von einer kontinuierlichen Selbstfinanzierung.

Anlagedeckungsgrad I	=	$\dfrac{\text{Eigenkapital}}{\text{Anlagevermögen}}$

Anlagedeckungsgrad II	=	$\dfrac{\text{(EK + langfristiges FK)}}{\text{Anlagevermögen}}$

Der Anlagedeckungsgrad mißt die *Zweckmäßigkeit der Finanzierung* und untersucht, ob das langfristig im Betrieb investierte Anlagevermögen auch tatsächlich mit langfristigem Kapital finanziert ist. Die Kennzahl sollte größer als 1 sein.

7.3.3 Kennziffern zur Beurteilung der Ertragslage

Rentabilität

Rentabilität des Betriebskapitals	=	$\dfrac{\text{Betriebsgewinn} \times 100}{\text{Ø Betriebskapital}}$

130

Umsatzgewinnrate (Erfolgskoeffizient)	$=$	$\dfrac{\text{Betriebsgewinn} \times 100}{\text{Umsatz}}$

Eigenkapital-Rentabilität	$=$	$\dfrac{(\text{Betriebsgewinn} + \text{EK-Zins}) \times 100}{\varnothing \text{ Eigenkapital}}$

Unternehmungskapital-Rentabilität	$=$	$\dfrac{\text{Unternehmungsgewinn} \times 100}{\varnothing \text{ Unternehmungskapital}}$

Return on Investment (ROI)	$=$	$\dfrac{(\text{Betriebsgewinn} + \text{EK-/FK-Zins} \times 100}{\varnothing \text{ Betriebskapital}}$

Anmerkung

Das *Betriebskapital* entspricht der bereinigten Bilanzsumme (= Unternehmungskapital) abzüglich dem betriebsfremden (neutralen) Vermögen.

Beurteilung der Ertrags- und Aufwandstruktur

Diese befaßt sich mit den verschiedenen Verhältnissen, welche die Größen *«Ertrag»* und *«Aufwand»* mit andern Elementen ergeben. Je nach Art des Betriebes können die folgenden *Kennzahlen* gebildet werden:
– Umsatz je Beschäftigter
– Umsatz je produktive Stunde / je m² Verkaufsfläche
– Personalaufwand je Beschäftigter
– Materialaufwand in % der Gesamtkosten
– Personalaufwand in % der Gesamtkosten
– Übriger Aufwand in % des Material- und produktiven Personalaufwandes (= Gemeinkostensatz)
– usw.

Umschlagsziffern

Bei einer Bilanzanalyse ist es wichtig zu wissen, wie oft sich gewisse Bilanzpositionen (Debitoren, Kreditoren, Warenlager, Kapital usw.) umschlagen. Bei den Umschlagsziffern unterscheidet man *zwei Formeln:*

Umschlagshäufigkeit	$=$	$\dfrac{\text{Umsatz}}{\text{Durchschnittsbestand}}$

Umschlagsfrist (Ziel)	$=$	$\dfrac{360 \text{ Tage}}{\text{Umschlagshäufigkeit}}$

Die Umschlagsfrist bzw. -häufigkeit zeigt:
– die *Zeitspanne bis zur Zahlung* eines Debitors / Kreditors nach Fakturaeingang oder

– die durchschnittliche *Lagerdauer* oder
– wie oft sich das *Betriebskapital* umschlägt. Formel:

Umschlagshäufigkeit des Betriebskapitals	=	$\dfrac{\text{Umsatz}}{\varnothing \text{ Betriebskapital}}$

Cash-flow

Der *Cash-flow* ist die Differenz von liquiditätswirksamem Ertrag und liquiditätswirksamem Aufwand. Er wird im eigenen Betrieb nach folgender Berechnung ermittelt:

  ± Jahresgewinn/Verlust gemäß Gewinn- und Verlustrechnung
  + Erhöhung der Rücklagen, Rückstellungen und Reserven im Umlaufsvermögen
  – Auflösung von Rücklagen, Rückstellungen und Reserven im Umlaufsvermögen
  + Abschreibungen auf Sach- und Finanzanlagen gemäß Finanzbuchhaltung
  – aktivierte Eigenleistungen

  = Cash-flow

Sind die Veränderungen der Reserven und Rückstellungen nicht bekannt oder in einer internen Rechnung bereits in der Gewinnzahl berücksichtigt, so lautet die Formel:

Cash-flow = Reingewinn + Abschreibungen

Im Gegensatz zu dieser *Bruttogröße* bezeichnet der *Netto-Cash-flow* den nach Dividendenzahlungen bzw. Privatentnahmen verbleibenden Betrag.

Der Cash-flow zeigt
– die Höhe der im Betrieb selbst erarbeiteten Mittel
– den Finanzüberschuß (kein Bargeldbetrag!)
– die Ertrags- und Selbstfinanzierungskraft (Wachstumsmöglichkeit)
– welche Investitionen im Umlaufs- und Anlagevermögen ohne Fremdfinanzierung möglich sind.

	Fr.
Beispiel aus Erfolgsrechnung:	
Reingewinn gemäß Finanzbuchhaltung	120 000.–
+ Erhöhung der stillen Reserven im Warenlager	85 000.–
+ Abschreibung gemäß Finanzbuchhaltung	165 000.–
Brutto-Cash-flow	370 000.–
abzüglich Dividenden/Privatbezüge	120 000.–
Netto-Cash-flow	250 000.–

$$\text{Cash-flow-Grad} = \frac{250 \times 100}{3000 \text{ (Umsatz)}} = 8,3\%$$

Nutzschwellenanalyse

Die Nutzschwellenanalyse geht nach dem *Prinzip der Deckungsbeitrags-rechnung* von einer Trennung der fixen (ausstoßunabhängigen) und der *variablen* (beschäftigungsabhängigen) *Kosten* aus.

Die *Nutzschwelle N* bezeichnet jenen Umsatz, bei welchem weder ein Gewinn noch ein Verlust entsteht.

Der *Deckungsbeitrag* ist der Umsatz abzüglich alle variablen Kosten (Waren, produktive Löhne, Energie usw.).

Formeln:

$$\begin{array}{l} \text{Nutzschwellenumsatz} \\ \text{(wertmäßig)} \end{array} = \frac{\text{Fixkosten} \times 100}{\text{Deckungsbeitrag in \% vom Umsatz}}$$

$$\begin{array}{l} \text{Nutzschwellenumsatz} \\ \text{für Plangewinn G} \end{array} = \frac{(\text{Fixe Kosten} + \text{Plangewinn G}) \times 100}{\text{Deckungsbeitrag in \% vom Umsatz}}$$

7.3.4 Schematisches Beispiel zur Kennziffernanalyse

Gegebene Daten (in 1000 Fr.):

Umsatz		1000
Warenaufwand	500	
Übriger variabler Aufwand	100	
Personalaufwand fix	150	
Abschreibungen	150	
Zinsen	20	
Reingewinn	80	
	1000	1000

∅ Gesamtkapital	500
∅ Eigenkapital	300
∅ Lagerbestand	250

Auswertung:

Rentabilität des Eigenkapitals:
$$\frac{80 \times 100}{300} = 27\%$$

Gesamtkapital-Rentabilität (ROI):
$$\frac{(80+20) \times 100}{500} = 20\%$$

Netto-Rentabilität des Betriebskapitals:
$$\frac{80 \times 100}{500} = 16\%$$

Umsatzgewinnrate:
$$\frac{80 \times 100}{1000} = 8\%$$

Umschlagshäufigkeit des Gesamtkapitals
$$\frac{1000}{500} = 2 \times$$

Lagerdauer:
$$\frac{250}{500} \times 360 = 180 \text{ Tage}$$

Cash-flow:
$$80 + 150 = 230$$

Deckungsbeitrag in % des Umsatzes:
$$\frac{(1000-500-100)}{1000} \times 100 = 40\%$$

Nutzschwellenumsatz:
$$\frac{320}{40} \times 100 = 800$$

7.4 Kennziffernvergleiche

Die Aussagekraft betrieblicher Kennzahlen wird natürlich wesentlich größer, wenn diese mit denen von anderen Betrieben derselben Branche verglichen werden können. Erst dann können die eigenen *Stärken und Schwachstellen* erkannt werden. Voraussetzung ist allerdings die Sicherstellung der Vergleichbarkeit des Zahlenmaterials aufgrund nach einheitlichen Kriterien bereinigter Jahresabschlüsse. Solche Aufgaben werden zweckmäßigerweise in *gewerblichen Erfa-Gruppen* wahrgenommen.

Eine Erfa-Gruppe ist eine freie Vereinigung von Unternehmern und Geschäftsleitern zur Pflege des Erfahrungs- und Informationsaustausches über alle Bereiche der praktischen Betriebsführung. Finales *Ziel* einer Erfa-Gruppe ist eine *laufende Verbesserung* der betriebswirtschaftlichen Methoden und Verfahren und damit auch der Betriebsergebnisse der Teilnehmerbetriebe. Im weiteren soll die *Solidarität* unter den Teilnehmern durch gemeinsame Bearbeitung aktueller Probleme gefördert werden. Dies schließt die Mitgliedschaft direkter Konkurrenten in einer Gruppe grundsätzlich aus.

Die Arbeit solcher Erfa-Gruppen kann sinnvoll ergänzt werden, wenn neben den jährlichen Kennzahlenvergleichen sukzessive folgende Tätigkeiten ins Arbeitsprogramm aufgenommen werden:
- Gemeinsame Erarbeitung neuer Verfahren der Betriebsabrechnung und Betriebsüberwachung
- Aufbau flexibler Offertkalkulationen
- Werbung/Akquisition/Marketing
- Einkaufspreisvergleiche (Informationsaustausch über Preise, Qualitäten, Lieferanten) zwecks Erzielung günstigerer Einstandspreise
- Finanzierungsfragen/Liquiditätsverbesserung
- Methoden der Budgetierung und Budgetkontrolle
- Verkehr mit Banken
- Erbrechtsfragen/Nachfolgeregelung
- Rechts- und Steuerfragen
- Erarbeitung von Leitbildern
- Probleme der Rechtsform (Einzelfirma/AG)
- Organisation/Pflichtenhefte
- Entlöhnungsfragen/Motivation der Mitarbeiter
- Personalausbildung/Weiterbildung
- Probleme der EDV und Datentechnik
- Betriebsbesichtigungen, Studienreisen usw.

Der Autor betreut eine Reihe gewerblicher Erfa-Gruppen (Bäckereien/Konditoreien/Malerbetriebe/Schreinereien/Holzbau- und Gartenbaubetriebe), deren Teilnehmer sich laufend vom wirtschaftlichen Nutzen solcher gemeinsamen Rationalisierungsanstrengungen überzeugen können. Der

Beispiel Erfa-Gruppe Schreiner (Auszug)

Betriebe / Kennzahlen	1	2	3	4	usw.	Mittelwert
Umsatz je Vollkraft	170 300.–	208 300.–	195 800.–	155 900.–		181 800.–
Bruttogewinn je Vollkraft	83 700.–	142 200.–	117 000.–	113 100.–		114 000.–
Personalaufw. je Vollkraft	68 200.–	76 300.–	85 000.–	66 700.–		75 200.–
Sonstiger Betriebsaufw. je Vollkraft	27 400.–	30 300.–	31 500.–	39 700.–		30 200.–
Betriebsgewinn in % des Nettoumsatzes	-7,0%	17,1%	0,2%	4,3%		4,4%
Produktive, verrechenbare Std. in % der ausbez.	60,6%	68,6%	54,8%	56,0%		60,4%
Unproduktive Std. in % der ausbezahlten	16,0%	16,2%	23,0%	25,4%		22,9%
Std. ohne Leistung in % der ausbezahlten	23,3%	15,2%	22,2%	18,6%		16,7%
Betriebs-Cash flow brutto in % des Umsatzes	-4,8%	18,0%	6,2%	7,3%		7,3%
Fremdkap. in % d. Bilanzsumme	62,6%	63,8%	23,3%	62,5%		52,9%
Nettoumlaufvermögen in % der Bilanzsumme	4,1%	37,1%	20,6%	2,0%		25,2%
Liquiditätskoeffizient II inkl. nicht ausgesch. Bankkredite	0,87	2,10	1,62	0,75		2,00
Anlagendeckungsgrad II	1,05	2,20	1,34	1,04		2,16

große Vorteil liegt darin, daß die anfallenden Kosten auf z. B. ein Dutzend Betriebe aufgeteilt werden können, der Nutzen aber jedem einzelnen Betrieb zufällt.

8. Anhang

8.1 Nützliche Adressen
im Zusammenhang mit Finanzierungsfragen

Ohne Gewähr auf Vollständigkeit sind nachstehend die wichtigsten Institute genannt, die sich mit Finanzierungsaufgaben befassen, welche neben dem klassischen Kreditbereich der Geschäfts-, Kantonal- und Lokalbanken liegen.

8.1.1 Leasinggesellschaften

A + E Leasing AG
Thurgauerstraße 56/Postfach
8070 *Zürich*
Telefon 01/324 28 00

Tochtergesellschaft der
Schweizerischen Volksbank,
der Welti Furrer AG und von
10 Kantonalbanken

UBS Leasing AG
Badenerstraße 11
5200 *Brugg*
Telefon 056/461 81 22

Tochtergesellschaft der
Schweizerischen Bankgesellschaft

CS Leasing AG
Thurgauerstraße 56
8070 *Zürich*
Telefon 01/324 28 00

Tochtergesellschaft der
Schweizerischen Kreditanstalt

Industrie-Leasing AG
Badenerstraße 329
8040 *Zürich*
Telefon 01/491 33 55

Tochtergesellschaft des
Schweizerischen Bankvereins

Lisca Leasing AG
Lagerstraße 47
8021 *Zürich*
Telefon 01/295 97 97

Tochtergesellschaft von
19 Kantonalbanken

8.1.2 Factoring- und Forfaitierungsgesellschaften

a) Factoringgesellschaften

Factors AG
Bäckerstraße 40
8026 *Zürich*
Telefon 01/298 32 32

Tochtergesellschaft des
Schweizerischen Bankvereins

b) Forfaitierungsgesellschaften

Finanz AG
Talacker 16
8021 *Zürich*
Telefon 01/211 28 30

Tochtergesellschaft der
Schweizerischen Kreditanstalt

SBV Finanz AG
Nüschelerstraße 44
8001 *Zürich*
Telefon 01/211 56 56

Tochtergesellschaft des
Schweizerischen Bankvereins

8.1.3 Institute für Spezialfinanzierungen

Die nachstehenden Institute befassen sich vor allem mit der Beschaffung von Risikokapital, der temporären Übernahme von Minderheitsbeteiligungen und gewähren Hilfestellung beim Zugang zum Kapitalmarkt.

AG für Beteiligung an
privaten Unternehmen
St.-Jakobs-Straße 7/Postfach
4002 *Basel*
Telefon 061/271 52 00

Tochtergesellschaft der
Schweizerischen Kreditanstalt

EIBA
Eidgenössische Bank
Beteiligungs-
und Finanzgesellschaft
Bleicherweg 30/Postfach
8021 *Zürich*
Telefon 01/281 10 81

Tochtergesellschaft der
Schweizerischen Bankgesellschaft

Schweizerische Bankgesellschaft
Abteilung Kapitalmarktfinanzierungen
Bahnhofstraße 45
8031 *Zürich*
Telefon 01/234 11 11

8.1.4 Gewerbliche Bürgschaftsorganisationen
(Zuständigkeitskantone)

Bürgschaftsgenossenschaft Office de cautionnement	Adresse adresse	Tel./Fax*) téléphone	Tätigkeitsgebiet répartition cantonale
1. BTG-Treuhand (Gewerbl. Bürgschafts- u. Treuhandgen. für Basel-Stadt und Baselland)	4002 Basel Wallstr. 1 Postfach	061/295 50 50 061/295 50 59*)	BS, BL
2. Ostschweizerische Bürgschafts- und Treuhandgenossenschaft, OBTG	9006 St. Gallen Rorschacherstr. 150 Postfach 733	071/243 34 34 071/245 20 09*)	ZH, UR, SZ, GL, ZG, SH, AR, AI, SG, GR, AG, TG, TI
3. Bürgschaftsgenossenschaft für das Gewerbe BG	3400 Burgdorf Bahnhofstr. 59D Postfach 460	034/420 20 20 034/420 20 29*)	BE, JU
4. Bürgschaftsgenossenschaft des solothurnischen Gewerbes, BSG	4502 Solothurn Obachstr. 10	065/21 33 21 065/21 33 21*)	SO
5. Coopérative de cautionnement des arts et métiers fribourgeois	1700 Fribourg 5 Bd de Perolles 55 Case postale 22	037/24 69 63 037/24 11 95*)	FR
6. Luzerner Bürgschaftsgenossenschaft für Gewerbe und Handel	6002 Luzern Eichwaldstr. 13 Postfach 3069	041/319 94 94 041/319 93 68*)	LU, OW, NW
7. Office vaudois de cautionnement mutuel pour artisans & commerçants	1004 Lausanne Avenue Jomini 8 Case postale 1471	021/646 18 81 021/646 28 71*)	VD
8. Office genèvois de cautionnement mutuel pour commerçants et artisans	1227 Carouge Rte des Acacias 54	022/342 71 46 022/300 17 44*)	GE
9. Office neuchâtelois de cautionnement mutuel pour artisans et commerçants	2001 Neuchâtel Rue de la Serre 4 Case postale 478	038/25 75 41 038/24 70 92*)	NE
10. Office valaisan de cautionnement mutuel pour artisans et commerçants	1951 Sion Rue Pré-Fleuri 6	027/22 29 01 027/22 29 64*)	VS
11. Schweiz. Bürgschaftsgenossenschaft für das Gewerbe, GBG	9001 St. Gallen Merkurstr. 4 Postfach	071/223 34 36	ganze Schweiz und FL

8.2 Praktische Beispiele von Spezialfinanzierungen

8.2.1 Factoringgeschäft
(Quelle: Aufina Leasing + Factoring AG, Brugg)

Aufgrund des nachstehend ausgefüllten Fragebogens der Schreinerei Muster AG wurde eine unverbindliche Beispiels-Offerte ausgearbeitet. Die Leistungen und Konditionen können von Gesellschaft zu Gesellschaft variieren.

Fragebogen:
1. Name/Firma: Schreinerei Muster AG
   Geb.-Dat. (Privatpers.):
   Straße:
   PLZ/Ort: 8000 Zürich
   Telefon:
2. Gesprächspartner (an den wir uns bei Rückfragen wenden dürfen)
   Name: Herr E. Muster
   Funktion: Geschäftsführer
3. Branche (Produktion):
   Handel/Art der Ware: Schreinerei/Innenausbau
   Dienstleistungen: Möbelhandel
   Beruf (Privatperson):
4. Rechtsform: Einzelfirma, Kollektiv-, Kommandit-
   gesellschaft, <u>AG</u>, Kommandit-AG,
   GmbH, Genossenschaft
   Handelsregistereintrag: 14. 9. 1963
   Verwaltungsräte: E. Muster
       F. Muster

   Geschäftsführer: E. Muster
   Gesellschaftskapital:
   (einbezahlt)   Fr. 100 000.–
5. Kundschaft:

	Anzahl	% d. Umsatzes
Verbraucher/Private	120	8
Kollegen	60	10
Architekten/Ing.-Büros	100	22
Stadt Zürich	40	20
Industriekunden	80	40
Total	400	100

6. Umsätze: Vorjahresumsatz: 2 Mio.
   Umsatz laufendes Jahr: 1,5 Mio. bis 30.8.

Für die Berechnung der Factoring-Kosten benötigen wir
folgende Angaben:
1. Anzahl Rechnungen im Vorjahr: ca. 500
   im laufenden Jahr: ca. 600
2. Durchschnittlicher Rechnungsbetrag: Fr. 3500.–
3. Durchschnittliche Höhe der Debitorenbestände: Fr. 280000.–
4. Zahlungsbedingungen innert 10 Tagen 2% Skonto
   Zahlungsbedingungen innert 30 Tagen netto
5. Mahnen Sie regelmäßig? Ja
   Wie viele Tage nach Fälligkeit? 20 Tage
6. Benützen Sie verschiedene Rechnungsformulare? Nein
   (bitte Beilage)
7. Erstellen Sie Ihre Rechnungen mit einer Fakturiermaschine? Nein
   Können Sie bei der Fakturierung Datenträger gewinnen und uns
   einreichen? Nein
8. Debitorenverluste in den letzten Jahren?
   1982 Fr. 2600.– 1983 Fr. 1700.– 1984 Fr. 3200.–
9. Welche Factoringleistungen werden gewünscht?
   Standardservice Ja
   Finanzierung Ja
   Delkredere evtl.
10. Bankverbindung SBG, Zürich

Datum: 16. September 1985   Stempel und Unterschrift
                              Schreinerei Muster AG

Unverbindliche Muster-Factoringofferte für die Schweiz

Sehr geehrter Herr Muster,
Besten Dank für die Zustellung des ausgefüllten Fragebogens.
Dieser Fragebogen hat es uns ermöglicht, Ihnen nachstehend ein unver-
bindliches Muster-Factoringangebot zu unterbreiten.

– *Standardservice*
  Versand der Originalrechnungen, Überwachung Mahnwesen und
  Inkasso
  Gebühr 0,3%, jedoch mindestens Fr. 12.– je Rechnung.
  Versandkostenanteil je Rechnung Fr. –.50.

– *Bevorschussung*
  Bevorschussungssatz der eingereichten Rechnungen 80% *
  Bevorschussungslimite Fr. 250000.– *
  Bevorschussungszinssatz $8^{1}/_{4}$% p.a.
* Die definitive Festlegung dieser Angaben erfolgt, nachdem die Ge-
  schäftsabschlüsse inkl. Gewinn- und Verlustrechnung der letzten zwei
  Jahre eingesehen wurden.

Der Bevorschussungszinssatz liegt in der Regel um 0,5 bis 1% höher als der Zinssatz für einen Blankokredit.

– *Delkredere*
Übernahme des Debitorenverlustrisikos zu 100% = 1% plus anfallende Informationskosten.

Es muß noch erwähnt werden, daß die Mahngebühren für die zweite und dritte Mahnung, sofern sie nicht von den Schuldnern bezahlt werden, dem Zedenten jeweils auf das Kontokorrentkonto belastet werden. Die Kosten für die zweite Mahnung betragen Fr. 3.– und für die dritte Mahnung Fr. 4.–. Weitere Kosten werden nicht angerechnet.
Weitere Fragen beantworten wir Ihnen gerne telefonisch.

Mit freundlichen Grüßen
AUFINA LEASING + FACTORING AG

8.2.2 Forfaitierung
(Quelle: C. J. Gmür, Finanz AG Zürich)
Der Verkaufsdirektor der Werkzeugmaschinenfabrik Schweizer AG, Zürich, fragt sich, ob er einen Vertrag mit The Thai Machinery Co. Ltd., Bangkok, unterschreiben könne für folgende Lieferungs- und Zahlungskonditionen:

Exportgut:	10 Werkzeugmaschinen Typ Alfa 400
Lieferwert:	Fr. 4 000 000.–
Anzahlung:	10% bei Bestellung, 10% bei Lieferung
Kreditfrist:	5 Jahre
Rückzahlung:	in 10 Halbjahresraten, erste Fälligkeit 6 Monate nach Lieferung
Liefertermin:	bis Ende Februar/März 1984
Sicherheiten:	10 gezogene Wechsel, avaliert von der Bangkok Bank Ltd., Bangkok, oder eventuell deren separate Garantie oder Dokumentar-Akkreditiv der Bangkok Bank Ltd. mit aufgeschobenen Zahlungen.

Er will jedoch eine Großbank fragen, ob sie bereit wäre, den Export zu finanzieren. Er nimmt an, daß die Großbanken die besten Beziehungen mit diesem asiatischen Land bzw. dessen Banken unterhalten. Bevor er mit der Bank Kontakt aufnimmt, erkundigt er sich bei der Geschäftsstelle für die Exportrisikogarantie/ERG (Kirchenweg 8, 8032 Zürich, Telefon 01/384 47 77) über ihre Leistungen bei einem Thailandexport. Man versichert ihm, daß gegenwärtig das politische Risiko zu 85% abgedeckt wird. Darauf wendet er sich an die Schweizerische Kreditanstalt. Er füllt das entsprechende Antragsformular (Nr. 6321) für eine Exportfinanzierung aus. Gleichzeitig ruft er die Finanz AG Zürich an und erkundigt sich, ob auch eine Forfaitierung möglich wäre.
Der Sachbearbeiter Meier notiert alle Angaben auf seinem Formular «Ge-

142

schäftsvorschlag» (siehe *Beilage*). Dieser macht sich folgende Überlegung (Numerierung analog der Numerierung auf dem Geschäftsvorschlagsformular):

1. Ist der Kunde Werkzeugmaschinenfabrik Schweizer AG in Zürich vertrauenswürdig? Für eine Forfaitierung muß er nicht unbedingt kreditwürdig sein, jedoch vertrauenswürdig. Er muß nämlich «gute Ware» liefern können innert vereinbarter Frist.

2. Von welchem Exportland geht die Ware in welches Importland? Wie ist das Länderrisiko des Importlandes zu beurteilen? Wie wird das Land in internationalen Bankkreisen bewertet, z.B. auf der Institutional Investor? Wird Thailand in 5 Jahren noch über sFr. verfügen?

3. Will der Exporteur forfaitieren oder diskontieren lassen, also seine Forderungen ohne oder mit Regreß abgeben?

4. Ist die Forderung durch ein handelbares Dokument, d. h. Eigenwechsel oder Tratte, verkörpert? Eigenwechseln ist unbedingt der Vorzug zu geben, da bei gezogenen Wechseln ein besonderer Verzicht des Forfaiteurs auf die Ausstellerhaftung notwendig wird. Bei Buchforderungen ist eine Abtretungserklärung einzureichen, in welcher der Bestand der Forderung festgehalten wird.

5. In welcher Währung wird der Verkaufsvertrag abgeschlossen, und wie hoch ist der Kreditbetrag?

6. In welchem Zeitraum und in wieviel Raten wird die Schuld getilgt? Bei Exportgeschäften von Investitionsgütern wird in der Mehrzahl der Fälle gemäß Empfehlungen der «Berner Union» in 10 Halbjahresraten gezahlt.

7. Wer ist der Käufer? Ist er dem Forfaiteur bekannt? Handelt es sich um eine börsenkotierte Firma? Veröffentlicht der Käufer Bilanzen?

8. Wo sind die Abschnitte zahlbar, und ist gegebenenfalls die Effektivklausel notwendig und vorgesehen?

9. Welche Regierungsstelle oder international tätige Bank deckt das wirtschaftliche Risiko (Delkredere), d.h. garantiert die Zahlung bei Verfall? Ist die garantierende Bank bekannt? Verfügt sie über mittelfristige Kreditlimiten bei bekannten Banken? Wie sieht die Bilanz- und Ertragsrechnung aus? Garantiert die Bank mittels Avalunterschrift? Sieht das Rechtssystem im Importland das Aval vor? Wird ein Garantieschreiben ausgestellt oder ein Dokumentar-Akkreditiv mit aufgeschobener Zahlung eröffnet? Für jede Form der separaten Garantie muß sich der Forfaiteur überzeugen, daß sie unwiderruflich, bedingungslos und übertragbar ist.

10. Um welche Art von Ware handelt es sich? Hat die Ware eine Lebensdauer, die das Zahlungsziel übertrifft? Bleibt die Ware im Importland, oder wird sie sofort gegen Barzahlung reexportiert zwecks Devisenbeschaffung oder auf Kredit in finanzschwache Länder weiterverkauft?

11. Wann findet die Warenlieferung statt?

12. Wann wird demzufolge das Diskontmaterial verfügbar sein? Erhält man in der Regel «sauberes» Diskontmaterial, d. h. Dokumente, bei denen alle Vorschriften für die Gültigkeit erfüllt sind, oder hat die Erfahrung

bezüglich dieses Wechseleinreichers beziehungsweise Wechsel-
schuldners gezeigt, daß noch einige Arbeit zu investieren ist, bis der
Forfaiteur ordnungsgemäße Dokumente in Händen hält?

13. Sind besondere Devisenvorschriften zu beachten, und sind sie erfüllt?
    Sind die Unterschriften des Ausstellers, Akzeptanten und des Avalisten
    geprüft?

14. Wünscht der Kunde eine unverbindliche Indikation oder ein festes
    Engagement?

15. Zu welchen Bedingungen kann die Forfaitierung angeboten werden?
    a) Für die Zeit von der Offertabgabe bis zur mutmaßlichen Einreichung
    der Wechsel wird eine Bereitstellungsprovision von 1% pro Monat, im
    voraus zahlbar, vereinbart.
    b) Der Diskontsatz errechnet sich wie folgt:
    Zu den kongruenten Refinanzierungskosten von $5^3/4$% p. a. wird eine
    Marge von $2^1/2$%, plus Zinsveränderungsrisiko bis 31. 3. 84 $^1/4$%, zuge-
    schlagen. Man erhält einen Renditensatz von ca. $8^1/2$ % p. a., was einem
    Diskontsatz von ca. $7^1/4$% p. a. entspricht.
    Doch sollte sich jeder Exporteur vergegenwärtigen, daß er durch Zah-
    lung der Forfaitierungsprämie nicht nur Bargeld für seinen Verkauf auf
    Kredit erhält, sondern sich auch keine Gedanken mehr zu machen
    braucht um Risiken, Inkasso, Selbstbehalt, Karenzzeiten von Risikover-
    sicherern und Liquidität.
    Sollte aus irgendeinem Grund die Direktion oder der Verwaltungsrat
    der angefragten Forfaitierungsgesellschaft der Meinung sein, daß die
    Limite für Thailandrisiken erschöpft sei, so könnte der Kunde das poli-
    tische Risiko durch die ERG absichern lassen. In diesem Fall reduziert
    sich die Forfaitierungsmarge durch Bildung eines Mischsatzes für den
    Ausland- und Inlandrisikoanteil auf ca. 2%. Die Rendite von $7^3/4$% p. a.
    entspricht dann einem Diskontsatz von $6^3/4$% p. a.

16. Der Sachbearbeiter wird sich auch die Überlegung machen, was mit
    den erworbenen Wechseln zu machen ist.

17. In erster Linie ist der Forfaiteur an einer Forfaitierung ohne ERG inter-
    essiert, um so dem Exporteur Kosten zu ersparen. Eine maßvolle Ver-
    teilung der Risiken weltweit kann als Selbstversicherung des Forfai-
    teurs angesehen werden. Wer weiß schon, welches Land in 5 Jahren
    nicht mehr bezahlen kann? Daher ist die Berechnung einer angemes-
    senen Marge sehr wichtig. Übersteigt jedoch die als angemessen emp-
    fundene Marge $3^1/2$% p. a., so ist eine ernst zu nehmende Risikoschwelle
    überschritten, und das Geschäft wird zur Spekulation.

18. Je nach Einstufung des Länderrisikos und der Höhe des Betrages
    sowie der Absicherung der einzelnen Risiken (Delkredere durch Ban-
    ken, Länderrisiko eventuell durch die ERG) wird das Geschäft von
    der Direktion und/oder dem Verwaltungsrat der Forfaitierungsgesell-
    schaft genehmigt.
    Im Fall der Schweizer AG kann das Geschäft innerhalb kurzer Zeit nach
    der telefonischen Anfrage zum Abschluß gebracht werden.

Geschäftsvorschlag

1 Von ....Werkzeugmaschinenfabrik Schweizer AG.... Datum 1.9.1983

    Zürich

Am Telefon Herr Müller/Finanzdirektor .... Telefon-Nr.

☒ **fest**   ☐ unverbindlich   *z.Zt. Meines Erachtens überblickbares Risiko (Institutional Investors Country Credit Rating 3/83 = 51,2 Punkte)*

2 **Export von** .Schweiz.   nach Thailand

3, 4 ☒ **Forfaitierung von**   ☐

    ☐ Eigenwechsel   ☒ Tratten   ☐ Buchforderungen

5, 6 **Betrag** sFr. 3'600'000.--   **Laufzeit** 5 Jahre

    (10 halbjährliche Wechsel)

7 **Käufer** The Thai Machinery Co. Ltd., Bangkok   Inf.

8 **Zahlungsort** Avalbank (Bangkok)   ☒ Effektiv-Klausel

9 ☒ **Aval** Bangkok Bank Ltd., Bangkok   Inf. *S.Beilagen*

    oder eventuell   *1) Auszug Bankers Almanach*

    ☒ **Garantie** oder Dokumentar-Akkreditiv der obigen   Inf. *2) Einschätzung Kreditrisiko durch intl. Bank*

    Bank mit aufgeschobenen Zahlungen

10 **Ware aus Grundgeschäft** 10 Werkzeugmaschinen Typ Alfa 400

11, 12 **Warenlieferung am** Jan./Febr.1984 **Verfügbarkeit Diskontmaterial** 31.März 1984

13 ☒ Devisenvorschriften erfüllt   ☒ Unterschriften geprüft

14 ☐ **Indikation**   ☒ **Engagement**

        A   B   Annahme Diskon-

15a) ☒ Diskontsatz 7 1/4% 6 3/4% p.a.   ☒ Bereitstell.-Prov. 1⁰/00 p. M. vomOfferte bis tierung

15b) ☒ Yield 8 1/2% 7 3/4% p.a.   ☒ Wechselstempelmarken zu Lasten Einreicher

    Respekttage 8   ☒ Eidg. Umsatzabgabe 1,5 ‰, zu Lasten Gegenpartei ‰

Auszahlung nach erfolgter Warenlieferung

bestimmt für: *eventuell*

16 ☒ Nostro *primär*   ☒ Anlagekundschaft   Weiterplazierung *als stille Unterbeteiligung möglich*

17 **Bemerkungen:**   Basis (Refinanzierung)   ca. 5 3/4% p.a.

                        Marge inklusive Zinsveränderungs-

    Variante A ohne ERG   risiko bis 31.3.1984   2 3/4% p.a.

                        Basis (Refinanzierung)   ca. 5 3/4% p.a.

    Variante B mit ERG   Marge inklusive Zinsveränderungs-

    (ohne Delkredere)   risiko bis 31.3.1984   2 % p.a.

                        (Mischsatz)

18 ☐ **Visum VR:**   **Visum Sachbearbeiter:** Prokurist Meier

8.2.3 Beispiele von Leasinggeschäften

Mobilienleasing (Quelle: CS Leasing AG)
- *Mietobjekt:* 2-Seiten-Hobelautomat WENGER
- *Anschaffungswert:* Fr. 350 000.–
- *Standort:* Zürich
- *Lieferant:* WENGER AG, Zürich
- *Liefertermin:* 27. August 1983
- *Feste Mietdauer:* 5 Jahre
  Beginn: 1. September 1983
  Ende: 31. August 1988
- *Amortisation:* 95% des Anschaffungswertes
- *Monatlicher Leasingzins:* Fr. 6 671.– (1,906% vom Anschaffungswert), zahlbar im voraus am 1. des Monats
- (Variante: Leasingzins Fr. 6 863.– bzw. 1,96% vom Anschaffungswert bei einer Amortisation von 99%
- *Abschlußgebühr:* Fr. 875.–, fällig bei Vertragsunterzeichnung
- *Name des Versicherers:*
- *Art der Versicherung:* Feuer/Elementarschäden mit Zession zugunsten der CS LEASING AG

Immobilienleasing (Quelle: A + E Leasing AG)
- *Objekt:* Fabrikationshalle
- *Objektwert:* Fr. 2 000 000.–
- *Vertragsdauer:* 10 Jahre
- *Amortisationsquote:* 40%
- *Kauf:* nach Vertragsdauer zu 60% oder Anschlußleasingvertrag
- *Leasingzins:* 2,4068% pro Quartal (Basis Dez. 1985) bzw. Fr. 48 136.–

8.2.4 Beispiel einer Bürgschaftsfinanzierung

Carrosseriebetrieb
Durch den Rückzug seines Chefs aus dem aktiven Berufsleben erhielt ein gelernter Autospengler die Gelegenheit, dessen Betrieb zu übernehmen. Wie schaffte er das?

Finanzbedarf

Kaufpreis für Maschinen und Betriebseinrichtungen	Fr. 180 000.–
Kaufpreis für Lager	Fr. 50 000.–
Betriebskapital (für 4 Monate)	Fr. 70 000.–
Total	Fr. 300 000.–

Finanzierung
Bankkredit, verbürgt durch eine regionale
Bürgschaftsgenossenschaft   Fr. 150 000.–
Bankkredit, verbürgt durch die Schweizerische
Bürgschaftsgenossenschaft für das Gewerbe   Fr. 120 000.–
Eigene Mittel   Fr.   30 000.–
Total   Fr. 300 000.–

8.3 Praktische Vorlagen zur Geschäftsübertragung

Es wurde bereits darauf hingewiesen, daß eine Geschäftsübertragung jeweils als *individueller Einzelfall* vorzubereiten und durchzuführen ist. Wenn nachfolgend einige Vertragsvorlagen wiedergegeben werden, so dürfen diese nicht als Musterverträge angesehen werden. Sie sollen vielmehr die im Rahmen der Vertragsverhandlungen zu regelnden Punkte illustrieren.

8.3.1 Kaufvertrag einer Aktiengesellschaft

Beispiel eines Kaufvertrages einer Aktiengesellschaft zwischen einem Vater und seinem Sohn im Rahmen der Nachfolgeregelung.

Präambel
Der Verkäufer ist frei verfügungsberechtigter Eigentümer der insgesamt 250 Inhaberaktien zu Fr. 1000.– nominell der Firma, die auf dem Gebiet des .... tätig ist. Der Käufer ist als Mitgeschäftsführer in der Firma tätig und hat Einblick in die Geschäftätigkeit und Kenntnis über den Geschäftsgang der Firma. Im Rahmen der Nachfolgeregelung beabsichtigen die Parteien den Übergang der Firma von Hans Muster auf den Sohn Robert Muster und schließen zu diesem Zweck den vorliegenden Vertrag ab.

1.   Vertragsgegenstand
1.1 Der Verkäufer verkauft dem Käufer 175 Inhaberaktien der Firma zu je Fr. 1000.– nominell.
1.2 Die Übernahme der Aktien und damit der Antritt in Rechte und Pflichten erfolgt per 1. Juli 1995.
Anläßlich der Generalversammlung des Jahres 1995 übergibt der Verkäufer dem Käufer die 175 Inhaberaktien.
1.3 Die verbleibenden 75 Inhaberaktien behalten der Verkäufer und seine Ehefrau. Sie räumen dem Käufer an diesen Aktien ein Vorkaufsrecht ein, das im Aktionärbindungsvertrag näher umschrieben ist.

2.   Kaufpreis
2.1 Der Kaufpreis wurde von den Parteien gemeinsam auf Fr. 6000.– pro Inhaberaktie zu Fr. 1000.– nominell festgelegt. Er beträgt somit Fr. 1050000.–.

2.2 Akonto Kaufpreis leistet der Käufer anläßlich der Übergabe der Aktien eine Anzahlung von Fr. 20000.– in bar. Über den verbleibenden Betrag von Fr. 1030000.– gewähren die Verkäufer dem Käufer ein Darlehen, worüber ein separater Vertrag abgeschlossen wird.

3. Sicherheit

3.1 Als Sicherheit für die Restschuld aus dem Aktienkauf schließt der Käufer bei einer Versicherungsgesellschaft seiner Wahl eine degressive Todesfallrisikoversicherung über Fr. 900000.– ab. Begünstigt wird solidarisch der Verkäufer. Die Versicherung beginnt im Jahr 1995 und hat eine Laufzeit von 10 Jahren.

4. Gewährleistung

Der Verkäufer übernimmt folgende Gewährleistung:

4.1 Daß die Jahresabschlüsse der Firma nach den Vorschriften von Art. 957 ff. OR erstellt wurden und daß sämtliche die Geschäftsjahre betreffenden buchungspflichtigen Geschäftsvorfälle enthalten sind.

4.2 Daß in der Bilanz per 31.12.1994 alle bilanzierungspflichtigen Aktiven und Passiven enthalten sind und daß bei deren Bewertung allfällige erkennbare Vermögenseinbußen berücksichtigt wurden.

4.3 Daß außer den bilanzierten Passiven keine weiteren Verbindlichkeiten, insbesondere keine Eventual- und Leasingverpflichtungen bestehen und für erkennbare Risiken aller Art die erforderlichen Rückstellungen in der Firma gebildet wurden.

4.4 Daß keine
– Verpfändungen,
– Sicherungsübereignungen bzw. Belastungen,
– Zessionen, Rangrücktrittsvereinbarungen,
– Rechtsstreitigkeiten von Bedeutung,
– Pensionszusagen, die nicht durch Rückstellungen oder Deckungskapitalien der Stiftung sichergestellt sind,
bestehen.

4.5 Daß die Steuern sowie alle anderen staatlichen Abgaben (z. B. MWST) und Versicherungen (AHV, SUVA, BVG usw.) bis und mit Stichtag in der Bilanz berücksichtigt sind und daß mit keinen Straf- oder Nachsteuern oder sonstigen Nachbelastungen zu rechnen ist.

4.6 Jede weitere Rechts- und Sachgewährleistung seitens des Verkäufers wird wegbedungen, und der Käufer erklärt, die Bedeutung dieser Klausel zu kennen.

5. Weitere Bestimmungen

5.1 Die Parteien vereinbaren, daß der Verkäufer auch nach dem Verkauf der Aktienmehrheit in der Firma aktiv tätig sein wird. Die Details dieser Tätigkeit werden die Parteien in einem Aktionärbindungs- bzw. Anstellungsvertrag regeln.

5.2 Ab Datum der Generalversammlung des Kalenderjahres 1995 übernimmt der Käufer das Präsidium des Verwaltungsrates. Der Verkäufer bleibt Mitglied des Verwaltungsrates oder bezeichnet einen Dritten seiner Wahl.

5.3 Verkauft der Käufer die Mehrheit oder sämtliche ihm gehörenden Aktien an Dritte, hat der Verkäufer ein Vorkaufsrecht. Verzichtet der Verkäufer auf die Ausübung des Vorkaufsrechts, hat er – bei dessen Vorversterben die Ehefrau oder die Tochter – während 10 Jahren nach Abschluß dieses Vertrages ein, jährlich um $1/10$ abnehmendes, Gewinnanteilsrecht auf dem Betrag, um welchen der dannzumalige Verkaufserlös den Kaufpreis gemäß Ziffer 2.1 übersteigt. Zudem hat der Käufer seine noch bestehende Restschuld gemäß Ziff. 2.2 sofort zu tilgen.

5.4 Änderungen und Ergänzungen dieses Vertrages bedürfen der Schriftform.

5.5 Die Parteien verpflichten sich, im Fall von Meinungsverschiedenheiten über die Auslegung dieses Kaufvertrages, vor Anrufung der ordentlichen Gerichte diese Herrn Z oder Frau X zur Vermittlung zu unterbreiten. Kommt innert einer Frist von vier Monaten keine Einigung zustande, so kann der ordentliche Rechtsweg beschritten werden. Zuständig ist das Gericht am Sitz der Firma.

Dreifach ausgefertigt und unterzeichnet.

Zürich, 7. Juli 1995

Der Verkäufer: **Der Käufer:**

Hans Muster   Robert Muster

Vom obigen Kaufvertrag nehmen die Ehefrau und die Tochter des Verkäufers im zustimmenden Sinn Kenntnis.

Ehefrau   Tochter

8.3.2 Aktionärbindungsvertrag

Recht häufig werden zwischen den Aktionären vertragliche Abmachungen getroffen, indem sich diese zu gewissen Leistungen oder einem bestimmten Verhalten verpflichten. Im nachfolgenden Beispiel haben Verkäufer und Käufer der elterlichen Aktiengesellschaft (Abschnitt 8.3.1) ihre gegenseitigen Beziehungen wie folgt festgelegt:

Präambel
Die Vertragsparteien sind Eigentümer der 250 Inhaberaktien der Muster AG, Zürich. Es besitzen: Hans Muster 38, Elsbeth Muster 37 und Robert Muster 175 Aktien.

Der vorliegende Aktionärbindungsvertrag soll das interne Verhältnis unter den Parteien regeln, namentlich die Ausübung der aus den Beteiligungen erwachsenden Rechte und Pflichten. Zudem wird das Ziel verfolgt, die Geschäftsnachfolge von den Eltern Elsbeth und Hans Muster auf den Sohn Robert Muster zu regeln.

1. *Vertragsgegenstand*
1.1 Gegenstand dieses Vertrages sind die Aktien der Muster AG und die Regelung der Beteiligungsverhältnisse mit den daraus erwachsenden Rechten und Pflichten.
1.2 Diese Vereinbarung untersteht den gesetzlichen Bestimmungen der einfachen Gesellschaft gemäß Artikel 530 ff. OR.

2. *Kaufrecht*
2.1 Grundsatz
Sollte das Arbeitsverhältnis zwischen der Firma und Robert Muster innerhalb 3 Jahren seit Unterzeichnung des Kaufvertrages durch Kündigung aufgelöst werden, sind Hans und Elsbeth Muster berechtigt und verpflichtet, die Aktien von Robert Muster im Verhältnis ihres dannzumaligen Aktienbesitzes zurückzukaufen.
Stirbt Robert Muster vor Ende des Jahres 2005, haben Hans und Elsbeth Muster ein Kaufrecht im Verhältnis ihres dannzumaligen Aktienbesitzes an sämtlichen dannzumal im Eigentum von Robert Muster befindlichen Aktien.
2.2 Preis
Der Preis beträgt Fr. 6000.– pro Inhaberaktie zu Fr. 1000.–, sofern nicht außerordentliche Verluste eine Neubewertung auf Substanzwertbasis der Firma erfordern. Dieser Preis wird mit 3% pro Jahr ab 1.7.1995 verzinst und bildet den maßgebenden Preis bei Ausübung des Kaufrechts. Der Kaufpreis wird mit dem Darlehen, welches Hans Muster Robert Muster zum Kauf der Aktien gewährt hat, verrechnet.

3. *Vorkaufsrecht*
Elsbeth und Hans Muster räumen Robert Muster ein Vorkaufsrecht an ihren 75 Inhaberaktien ein, zum Preis, den ein Dritter bezahlen würde, mindestens jedoch Fr. 6000.– pro Aktie.

4. Geschäftsführung

4.1 Die Parteien sichern sich gegenseitig einen Sitz im Verwaltungsrat zu, mindestens solange sie an der Firma beteiligt sind. Die Eltern Muster können auch eine Drittperson als Verwaltungsrat bestellen. Robert Muster übernimmt ab Datum der Generalversammlung 1995 das Präsidium des Verwaltungsrates.

4.2 Die Gesamtverantwortung für die Firma liegt ab 1. Juli 1995 bei Robert Muster. Dieser erhält ab Datum der Generalversammlung 1995 Einzelunterschrift. Hans und Elsbeth Muster zeichnen ab diesem Datum kollektiv.

4.3 Hans Muster hat, solange er in einem Arbeitsverhältnis mit der Firma steht, Anrecht auf einen Firmenwagen des bisherigen Standards (VW Golf).

4.4 Hans und Elsbeth Muster erklären sich bereit, bis auf weiteres in reduziertem Ausmaß bei der Muster AG tätig zu sein. Über die Arbeitsverhältnisse werden separate Anstellungsverträge erstellt.

5. Hinterlegung und Verpfändung

5.1 Sämtliche diesem Vertrag unterstellten Aktien sind in einem Depot/Safefach bei der X-Bank zu hinterlegen.

5.2 Jede Partei besitzt an den hinterlegten Aktien der anderen Partei ein Retentionsrecht im Sinne von Art. 695 ff. ZGB, jedoch nur für Forderungen aus diesem Vertrag und dem Kaufvertrag über die Aktien der Muster AG.

5.3 Über die hinterlegten Aktien können die Parteien nur aufgrund eines Beschlusses gemäß Ziffer 8 verfügen.

5.4 Eine Verpfändung der Aktien bedarf der Zustimmung der Aktionäre gemäß Ziffer 8 unten. Eine solche wird nur erteilt, wenn die Verpfändung zur Finanzierung des Kaufs von Aktien der Gesellschaft erfolgt.

6. Übertragbarkeit

6.1 Die Rechte und Pflichten aus diesem Vertrag sind übertragbar. Insbesondere sind Rechte und Pflichten aus diesem Vertrag aktiv und passiv vererblich.
Die Parteien verpflichten sich, nach Möglichkeit mit entsprechenden güterrechtlichen und/oder erbrechtlichen Maßnahmen dafür zu sorgen, daß das Ziel dieses Vertrages bestmöglich erreicht werden kann.

6.2 Die Parteien verpflichten sich, bei einer Veräußerung ihrer Beteiligung dem Käufer diesen Vertrag zu überbinden.

6.3 Eine Handänderung ist, auch wenn vom Vorkaufs- und Kaufsrecht kein Gebrauch gemacht worden ist, den anderen Parteien unverzüglich anzuzeigen.

7. Quorum

7.1 Die folgenden Beschlüsse müssen einstimmig von den Aktionären gefaßt werden:
• Verkauf, Fusion oder Liquidation der Firma

- Verkauf der Geschäftsliegenschaft
- Verfügung über das Aktiendepot gemäß Ziffer 6 oben
- Abänderungen, Ergänzungen oder Auflösung dieses Vertrages
- Aufnahme neuer Aktionäre vor dem 31.12.2010.

8. *Beginn, Dauer, Auflösung*

8.1 Der vorliegende Aktionärbindungsvertrag tritt am 1. Juli 1995 in Kraft.

8.2 Der Vertrag wird unwiderruflich für die Dauer der gemeinsamen Beteiligung an der Muster AG abgeschlossen.

8.3 Er bleibt für jeden einzelnen Unterzeichner und seinen Rechtsnachfolger für die Dauer seiner eigenen direkten oder indirekten aktienmäßigen Beteiligung an der Gesellschaft verbindlich.

8.4 Dieser Vertrag wird aufgelöst durch
- Beschluß mit einem qualifizierten Mehr gemäß Ziffer 8 oben.
- Aus wichtigen Gründen gemäß Art. 545 Ziffer 7 OR.

9. *Schlußbestimmungen*

9.1 Die Parteien verpflichten sich, im Fall von Meinungsverschiedenheiten über die Auslegung dieses Kaufvertrages, vor Anrufung der ordentlichen Gerichte diese Herrn Z oder Frau X zur Vermittlung zu unterbreiten. Kommt innert einer Frist von vier Monaten keine Einigung zustande, so kann der ordentliche Rechtsweg beschritten werden. Zuständig ist das Bezirksgericht Zürich.

9.2 Bei Widersprüchen oder Auslegungsproblemen zwischen den Statuten und dem Aktionärbindungsvertrag gehen die Bestimmungen des Aktionärbindungsvertrages den Statuten vor.

Dieser Vertrag wird in vier Exemplaren ausgefertigt, nämlich je ein Exemplar pro Vertragspartei, ein Exemplar für den Schlichter und ein Exemplar für die Akten der Muster AG, Zürich.

Zürich, 7. Juli 1995　　　　　　　Vertragsparteien:

Elsbeth Muster

Hans Muster

Robert Muster

8.3.3 Beispiel eines Ehe- und Erbvertrages

Das nachfolgende Muster eines Ehe- und Erbvertrages basiert auf der im Abschnitt 6.4.6 vorgenommenen Analyse der güter- und erbrechtlichen Situation der Ehegatten. Es handelt sich dabei lediglich um ein Beispiel, welches die Analyse und Problemlösung des Einzelfalls nicht ersetzen kann.

Öffentliche Beurkundung

Ehe- und Erbvertrag sowie öffentlich letztwillige Verfügungen

Die Ehegatten

Hans Muster, geb. 1938

und

Heidi Muster, geb. 1944

beide von Zürich, wohnhaft Birmensdorferstraße 710 in Zürich

erklären mit dem Ersuchen um öffentliche Beurkundung als ihren Ehe- und Erbvertrag:

I. Feststellungen
1. Wir sind am 10. Januar 1969 in Zürich getraut worden.
2. Unser erster ehelicher Wohnsitz war in der Schweiz. Wir haben den Wohnsitz nie ins Ausland verlegt.
3. Unserer Ehe entstammen drei gemeinsame Kinder, nämlich:
    Roger, geb. 7.11.1969
    Jürg, geb. 3.5.1971 und
    Claudia, geb. 2.8.1975.
4. Wir haben bisher keinen Ehevertrag abgeschlossen und haben auch keine Erklärung beim Güterrechtsregisteramt eingereicht, wodurch wir den Güterstand der Güterverbindung beibehalten hätten. Der außerordentliche Güterstand der Gütertrennung ist nie eingetreten. Wir leben somit unter dem ordentlichen Güterstand der Errungenschaftsbeteiligung.

II. Ehevertrag
1. Bis heute sind folgende Eigengüter entstanden:
    Bei der *Ehefrau:*
    Die Ehefrau hat Fr. 50000.– in die Ehe eingebracht und 1980 von ihrer Mutter Fr. 150000.– geerbt.
    Beim *Ehemann:*
    Die Hans Muster Carrosserie AG mit Sitz in Zürich.

2. Im Hinblick auf die Auflösung der Ehe durch den Tod vereinbaren wir, daß die Gesamtsumme beider Vorschläge ganz dem überlebenden Ehegatten zusteht.

III. Erbvertrag

1. *Vorversterben des Ehemannes*
   Für den Fall, daß der Ehemann vor der Ehefrau versterben sollte, werden die Ehefrau und der Sohn Jürg sowie die Tochter Claudia zu Gunsten des Sohnes Roger auf den Pflichtteil gesetzt.
   Der Ehemann legt folgende Teilungsvorschriften fest:
   – Seine Ehefrau kann wählen, ob sie die Liegenschaft Birmensdorfer-straße 710 in Zürich zu Eigentum übernehmen oder die Nutznießung daran errichten möchte. Auf Wunsch der Ehefrau wird die Nutz-nießung im Grundbuch eingetragen.
   – Der Sohn Roger soll die 100 Aktien zu nominell Fr. 1 000.– der Muster Carrosserie AG übernehmen. Sollte er gegenüber seinen Miterben ausgleichspflichtig werden, verpflichte ich seine Miterben, ihm an-gemessene Konditionen einzuräumen, welche ihm die Weiterführung der Firma erlauben.

2. *Vorversterben der Ehefrau*
   Für den Fall, daß die Ehefrau vor dem Ehemann versterben sollte, greift das gesetzliche Erbrecht Platz.

3. *Zweitversterben der Ehefrau*
   Der Sohn Roger wird zu Gunsten des Sohnes Jürg und der Tochter Claudia auf den Pflichtteil gesetzt.

4. *Gleichzeitiges Ableben der Eheleute*
   Für den Fall, daß die Eheleute gleichzeitig oder als Folge des gleichen Schadenereignisses kurz nacheinander sterben, erben ihre drei Kinder zu gleichen Teilen.
   Im Sinne einer Teilungsvorschrift legen die Eheleute fest, daß der Sohn Roger die 100 Aktien zu nominell Fr. 1 000.– der Muster Carros-serie AG übernehmen soll. Sollte er gegenüber seinen Miterben ausgleichspflichtig werden, verpflichten wir seine Miterben, ihm an-gemessene Konditionen einzuräumen, welche ihm die Weiterführung der Firma erlauben.

5. *Bewertung*
   Mit der Bewertung der Aktien soll die im Zeitpunkt des Erbganges ge-wählte Revisionsstelle zusammen mit der hauptkreditgebenden Bank beauftragt werden.

6. *Bisherige letztwillige Verfügungen*
   Dieser Erbvertrag hebt alle bisherigen letztwilligen Verfügungen auf.

IV. Öffentlich letztwillige Verfügungen

Als einseitige letztwillige Verfügung ernennen sowohl Hans Muster als auch Heidi Muster

Hans Müller, Badenerstraße 601, Zürich, als Willensvollstrecker
und bei dessen Verhinderung
Die XY Bank als Willensvollstreckerin.

diese Ernennung ist jederzeit widerrufbar.

Die Parteien vereinbaren, daß auch die erbvertraglichen Bestimmungen dieser Urkunde beim Ableben eines Ehegatten im Sinne von Art. 556 ZGB amtlich eröffnet werden sollen.

Begriffserläuterungen

Die nachfolgenden Begriffe aus dem Gebiet der finanziellen Führung der Unternehmung erheben keinen Anspruch auf letzte wissenschaftliche Präzision. Sie haben sich aber als Gebrauchsvokabular in der Praxis bewährt.

Begriffe zur Führung und Planung
- *Unternehmungsführung (Management)* besteht in der Erarbeitung, Durchsetzung und Überwachung der Unternehmungspolitik. Die eigentliche Führungstätigkeit gliedert sich in die Elemente (Phasen): Planung – Entscheidung – Anordnung – Kontrolle.
- *Unternehmungspolitik* ist ein System formulierter, zeitlich nicht befristeter Grundsätze, durch welche die laufenden Entscheide und Tätigkeiten sowie das Verhalten der Unternehmung in einer bestimmten Richtung festgelegt werden.
- *Planung* heißt systematische Zukunftsgestaltung durch Setzen von Zielen, Ausarbeiten und Auswahl von Maßnahmen zur Erreichung dieser Ziele sowie Disposition von Mitteln zur Durchführung der Maßnahmen. Die *integrierte Planung* (= Unternehmungsplanung) berücksichtigt dabei die für die Führung maßgebenden Zusammenhänge in der Gesamtunternehmung; der verabschiedete *Unternehmungsplan* (als Dokument) ist Ausdruck der *Unternehmungspolitik*.
- Das *Planungssystem* (als Oberbegriff) umfaßt alle organisatorischen Regelungen, Instrumente und Informationen zur Gewährleistung der Planung. Es kann in einem Planungshandbuch festgelegt sein. Das Planungssystem ist durch folgende *Elemente* bestimmt:
  • *Planungsorganisation:* bestimmt, welche Stellen welche Funktionen bei der Planerarbeitung zu erfüllen haben (Geschäfts- und Abteilungsleiter, Stabsstellen usw.).
  • *Planungsstruktur:* bestimmt die Art, den Inhalt und Zusammenhang der zu erstellenden Pläne (z.B. Abteilungspläne, Investitions-, Personal-, Finanzplan).

- *Planungsprozeß:* bestimmt die zeitliche und logische Regelung der einzelnen Tätigkeiten (Phasen) im Ablauf der Planerstellung.
- *Zielsetzungen* sind Ausdruck eines anzustrebenden zukünftigen Zustandes; damit wird die Marschrichtung der Unternehmung festgelegt, auf die sich die Handlungen aller Beteiligten auszurichten haben. Man unterscheidet zwischen den *in den unternehmungspolitischen Grundsätzen enthaltenen Dauerzielen* und den im Rahmen der Unternehmungsplanung *periodisch erarbeiteten Zielen.* Bei den letzteren werden die *generellen Unternehmungsziele* (und Prioritäten) im Rahmen der Unternehmungspolitik von der Unternehmungsleitung vorgegeben, während die *konkreten Sachziele* von jenen Bereichen und Funktionsträgern festzulegen sind, denen die spätere Realisierung obliegt. In jedem Fall sind
  - *Zielinhalt* (was soll erreicht werden?)
  - *Zielausmaß* (wieviel soll erreicht werden?)
  - *Zeitpunkt* (bis wann soll das Ziel erreicht werden?)
  - *Geltungsbereich* (wer ist für Zielerreichung verantwortlich, wo sind die Ziele gültig?)
  genau zu bestimmen, wobei die kurzfristigen Ziele aus den langfristigen abgeleitet werden.
- *Maßnahmen* (Aktionen) sind wichtige Tätigkeiten oder Projekte einzelner Organisationseinheiten, die zur Erreichung der gesetzten Ziele notwendig sind.
- Als *Mittel* werden jene Produktionsfaktoren an Personal, Material oder Kapital bezeichnet, die zur Durchführung der Maßnahmen benötigt werden.
- *Integration und Abstimmung* der Pläne bedeuten die Verdichtung und Zusammenfassung der Teilpläne zum Unternehmungsplan, die Bereinigung von Plandifferenzen (zu hohe Mittelanforderungen) und deren Berücksichtigung in den Teilplänen.
- *Feedback* (Rückkoppelung): oftmals zwingende zweite Planüberarbeitung, da die notwendigen Mittel fehlen, um die Maßnahmen und Aktionen im Hinblick auf die Zielerreichung durchzuführen (führt zu Zielrevision, alternativen Maßnahmen und veränderter Mitteldisposition).
- *Finanzierung i. w. S.:* sämtliche Kapital- und Kreditoperationen in der Unternehmung wie Kapitalbeschaffung, Kapitaldisposition und Kapitalrückzahlung.
- *Finanzierung i. e. S.:* Verfügbarmachung von Kapital in Form von Geld oder Kredit = Beschaffung von Fremd- und Eigenkapital.
- *Finanzplanung i. w. S.:* Darstellung und Steuerung der kurz-, mittel- und langfristig erwarteten Einnahmen und Ausgaben einer Unternehmung. Sie ist ein Teil der gesamten Unternehmungsplanung und umfaßt in der Regel Planerfolgsrechnung, Kapitalfluß- und Geldflußplan, Investitions- und Finanzierungsplan.
- *Finanzplan i. e. S.:* wertmäßige Übersicht über die mittel- und langfristig zu erwartenden finanzmäßigen Veränderungen (= Kapitalflußplan).

- *Erträge/Kosten* (Begriffe der Betriebsrechnung): der mit der Betriebsleistung verbundene Wertzugang bzw. Wertabgang einer Periode.
- *Erlöse/Aufwendungen* (Begriffe der Gewinn- und Verlustrechnung): der in einer Periode verbuchte Vermögenszugang bzw. -abgang der Unternehmung.
- *Einnahmen/Ausgaben* (Begriffe der Finanz- und Liquiditätsplanung): Zugang bzw. Abgang an flüssigen Mitteln (Kassa, Bank, Postcheck); oft gleichbedeutend wie Ein- und Auszahlungen.
- *Geldflußplan:* entspricht in der Regel dem kurzfristigen *Liquiditätsplan.*
- *Kapitalflußplan:* entspricht in der Regel dem mittelfristigen *Finanzplan* i. e. S.
- *Liquidität:* Fähigkeit einer Unternehmung, ihre Zahlungsverpflichtungen fristgerecht zu erfüllen. Wird mittels Liquiditätsgraden gemessen.
- *Liquiditätsplan:* Übersicht über die kurzfristig zu erwartenden Einnahmen und Ausgaben (Geldflußplan).
- *Cash-flow:* selbsterarbeitete Mittel der Unternehmung innerhalb eines Jahres (rechnerisch: Reingewinn + Abschreibungen ± Veränderung der Reserven).
- *Umlaufvermögen:* der in Zahlungsmitteln, kurzfristigen Guthaben, angefangenen Arbeiten und Materialvorräten gebundene Teil des Betriebsvermögens.
- *Anlagevermögen:* der in den zum längerfristigen Gebrauch bestimmten Mitteln (Grundstücke, Gebäude, Maschinen, Fahrzeuge usw.) gebundene Teil des Betriebsvermögens.

Begriffe zur Beteiligungsfinanzierung
(Quelle: Eidgenössische Bank)
- *Aktionärbindungsvertrag:* vertragliche Vereinbarung zwischen Aktionären zur Wahrung gemeinsamer Interessen (Poolvertrag) und/oder zur Regelung der gegenseitigen Rechte und Pflichten (z. B. bei Veräußerung der Aktien).
- *Beteiligung:* langfristige kapitalmäßige Interessennahme an einem Unternehmen durch Erwerb eines Aktienpaketes oder Zeichnung von Aktien anläßlich einer Neugründung oder Kapitalerhöhung.
- *Beteiligungsähnliche Finanzierung:* langfristiges Kapital, das formell Fremdkapital ist, aber wirtschaftlich Eigenkapitalcharakter aufweist, z. B. durch weitergehende Haftung, reduzierte Kündbarkeit, gewinnabhängige Verzinsung, spätere Beteiligungsmöglichkeiten u. a.
- *Beteiligungsfinanzierung* (Risikokapitalfinanzierung): umfaßt Beteiligungen und beteiligungsähnliche Finanzierungen.
- *Darlehen, nachrangiges* (subordiniertes Darlehen; Darlehen mit Rangrücktritt): Darlehen, das im Liquidationsfall des Schuldners erst nach vollständiger Befriedigung aller übrigen Gläubiger zur Rückzahlung gelangt.
- *Darlehen, partiarisches:* Darlehen mit variabler, erfolgsabhängiger Verzinsung.

- *Going public:* erstmalige Einführung der Aktien (oder anderer Beteiligungspapiere) eines Unternehmens an der Börse.
- *Innovationsfinanzierung:* Finanzierung von Entwicklung und Markteinführung eines neuen Produktes; sie ist aufgrund des ungewissen Markterfolgs mit hohen Risiken behaftet.
- *Management-Buyout:* Übernahme der Aktienmehrheit eines Unternehmens durch führende Mitarbeiter.
- *Optionsdarlehen:* Darlehen mit dem Recht auf Beteiligung zu festgelegten Bedingungen.
- *Stimmrechtsaktie:* Aktie, die im Verhältnis zu anderen Aktien derselben Gesellschaft trotz kleinerem Nennwert mit gleichem Stimmrecht oder trotz gleichem Nennwert mit einem höheren Stimmrecht ausgestattet ist.
- *Vorzugsaktie* (auch Prioritätsaktie): Aktie, die im Vergleich zu anderen Aktienkategorien dem Aktionär gewisse Vorteile gewährt, z. B. Vorzugsdividende.
- *Wagnisfinanzierung* (Venture Capital): Beteiligung an neu zu gründendem oder jungem Unternehmen mit Managementunterstützung zum Zweck der Markteinführung einer Innovation. Den hohen Risiken stehen überdurchschnittliche Gewinnerwartungen in Form von Wertzuwachs der Aktien gegenüber.
- *Wandeldarlehen:* Darlehen mit dem Recht auf Wandlung in Aktien oder Partizipationsscheine zu festgelegten Bedingungen.

Stichwortverzeichnis

Literaturverzeichnis

Die nachfolgenden Literaturangaben dienen der Vertiefung in die Belange der finanziellen Führungsaufgaben. Verschiedene Aspekte wurden im vorliegenden Text berücksichtigt.

Albisetti, E., u. a.: Handbuch des Geld-, Bank- und Börsenwesens der Schweiz, 4. Aufl., Thun 1987

Bernhard, Wolfgang: Management von Wechselkursrisiken,1992

Boemle, Max: Unternehmungsfinanzierung, 11. Aufl., Zürich 1995

Brealy, R. A. / Myers, S. C.: Principles of Corporate Finance, 4th Edition, New York 1991

Bürgi, Arthur: Kooperationstips für den Kreditverkehr zwischen Unternehmung und Bank, Management-Zeitschrift io,10/1980

Bürgi, Arthur: Führen mit Kennzahlen, 6. Aufl., Bern 1991

Emch, Urs, u. a.: Das Schweizerische Bankgeschäft, 4. Aufl., Thun 1993

Frehner, W.: Wenn Jungunternehmer bei der Bank um Risikokapital anstehen, Management-Zeitschrift io, 10/1985

Frotzler, Franz Xaver: Cash Management: Instrumente zur Planung, Disposition und Kontrolle der liquiden Mittel

Forstmoser, P. (Hg.): Der Generationenwechsel im Familienunternehmen, Zürich 1982

Gmür, C. J.: Leasing für das Unternehmen, FZ Nr. 11, Zürich 1982

Gmür, C. J.: Erfolgreiches Credit Management, FZ Nr. 16, Zürich 1983

Gutenberg, E.: Grundlagen der Betriebswirtschaftslehre, 3. Band. Die Finanzen, 7. Aufl., Berlin 1975

Handschin, L.: Die GmbH, ein Grundriß, Zürich 1996

Haselbeck, Fritz (Hg.): ZfU-Seminar: Cash- & Treasury-Management für Konzerne, Thalwil 1994

Helbling, C.: Unternehmungsbewertung und Steuern, 7. Aufl., Zürich/ Düsseldorf 1993

Heizmann, T.: Immobilienleasing – eine interessante Finanzierungsform, Schweiz. Treuhänder 2/1985, S. 4 ff, 2. Aufl., 1971

Hill, W.: Brevier der Unternehmungsfinanzierung, Bern 1967

Hubacher, E., Steiner, F., u. a.: Der Sprung in die Selbständigkeit, 2. Aufl., Bern 1995

Hürlimann, Werner: Cash Management, Management-Zeitschrift io, 55/1986

Käfer, Karl: Praxis der Kapitalflußrechnung, 2. Aufl., Zürich 1984

Lengweiler, Walter: Vier Checklisten für ein effizientes Cash Management, Chef-Magazin 2/1990

Lüem, W.: Leasing, Management-Zeitschrift io, 12/1979 und 1/1980

Lüthy, M.: Seminar der Kammerschule Zürich: Wesen, Problematik und Instrumente des Cash Managements

Lutz, B.: Die finanzielle Führung der Unternehmung, Schweiz. Volksbank: Die Orientierung Nr. 62, Bern 1976

Management-Enzyklopädie: Artikel «Finanzierung» und «Finanzmanagement», 2. Aufl., 1982, S. 587 ff.

Rappaport, A.: Creating Shareholder Value, The New Standard for Business, New York 1986

Richtsfeld, Jörg: In-House Banking internationaler Unternehmen im deutschsprachigen Raum, Rosch Buch Buchbinderei, Hallstadt, Dissertation Nr. 1400 der Hochschule St. Gallen

Schweiz. Kreditanstalt (Hg): Der Busineß-Plan, Heft 81 der SKA-Schriftenreihe, Zürich 1994

Staehlin, Erwin: Investitionsrechnung, 5. Aufl., St. Gallen 1988

Steiner, Frank: Erfolgsorientierte Unternehmungsführung im Klein- und Mittelbetrieb, 2. Aufl., Bern 1993

Strauss, Iris: Mehr Effizienz dank Electronic Banking, Chef-Magazin 3/1994

Volkart, Rudolf: Finanzmanagements, Beiträge zu Theorie und Praxis, 6. Aufl., Zürich 1995